Rechenwege

Mathematikbuch Klasse 1

Mandy Fuchs
Friedhelm Käpnick (Herausgeber)
Elke Mirwald
Angelika Möller
Petra Müller
Christine Münzel
Birgit Schlabitz

Die Bilder zeichneten
Cleo-Petra Kurze
und
Klaus Vonderwerth

Volk und Wissen

Inhalt

Unsere Klasse 4–5
Was kann ich schon? 6–7

1. Zahlen bis 10
Die Zahlen von 1 bis 10 8–9
Die Zahlen 1, 2, 3 10–11
Die Zahlen 4, 5, 6 12–13
Die Zahlen 7, 8, 9 14–15
Die Zahl 10; **Mini-Projekt** Lieblingszahlen ... 16–17
Geometrie Sortieren und Auslegen 18–19
Zählreime; Zahlen und Figuren 20–21
Mini-Projekt Zahlen fühlen, legen, ... ;
Zahlen und Formen in der Umwelt 22–23
Geometrie Sortieren und Legen von Mustern;
Bauen und Zählen 24–25
Vergleichen der Zahlen von 1 bis 10 26–27
Vergleichen der Zahlen von 1 bis 10; Nachbarzahlen ... 28–29
Nachbarzahlen; **Das kann ich schon!** 30–31

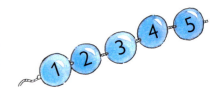

2. Addieren und Subtrahieren bis 10
Addieren bis 10 32–33
Tauschaufgaben; Rechentabellen 34–35
Subtrahieren bis 10 36–37
Umkehraufgaben; Rechentabellen 38–39
Die Zahl 0; Rechnen mit der Zahl 0 40–41
Der Zahlenstrich; Ordnungszahlen 42–43
Gleichungen; Aufgabenfamilien 44–45
Ungleichungen; Rechenbefehle 46–47
Verdoppeln; Halbieren 48–49
Rechnen mit mehr als zwei Zahlen 50–51
Größen Geldwerte bis 10 Cent und bis 10 Euro ... 52–53
Rechnen mit Geld 54–55
Geometrie Würfel, Quader und Kugel 56–57
Geometrie Würfel, Quader und Kugel;
Experimentieren mit Würfelfiguren 58–59
Aus der Knobelkiste; Üben von Station zu Station ... 60–61
Das kann ich schon! 62–63

3. Addieren und Subtrahieren bis 20
Die Zahlen von 11 bis 20 64–65
Darstellen der Zahlen von 11 bis 20; Nachbarzahlen ... 66–67
Der Zahlenstrahl;
Vergleichen und Ordnen der Zahlen bis 20 68–69
Rechnen bis 20: **Was kann ich schon?** 70–71

2

Addieren und Subtrahieren ohne Zehnerüberschreitung .. 72–73
Rechenmuster, Rechentabellen;
Tausch- und Umkehraufgaben 74–75
Gleichungen, Ungleichungen; Rechengeschichten 76–77
Addieren mit Zehnerüberschreitung 78–79
Rechenmuster, Rechentabellen;
Tauschaufgaben, Rechengeschichten 80–81
Subtrahieren mit Zehnerüberschreitung 82–83
Rechenmuster, Rechenmauern;
Umkehraufgaben, Aufgabenfamilien 84–85
Verdoppeln; Halbieren 86–87
Gerade und ungerade Zahlen;
Ungleichungen, Rechenvorteile 88–89
Rechengeschichten: Beim Zahnarzt; Rechenspiel 90–91
Rechnen mit mehr als zwei Zahlen 92–93
Größen Geldwerte bis 20 Cent und 20 Euro;
Rechnen mit Geldwerten 94–97
 Geometrie Dreiecke, Vierecke, Kreise 98–99
 Geometrie Legen von Figuren; Falten 100–101
Aufgabenbriefe; Üben von Station zu Station 102–103
Das kann ich schon! 104–105

4. Ausblick auf die Zahlen bis 100
Über 20 hinaus; Die Zehnerzahlen bis 100 106–107
Darstellen von Zehnerzahlen;
Vergleichen und Ordnen von Zehnerzahlen 108–109
Addieren und Subtrahieren von Zehnerzahlen 110–112
Alle Zahlen bis 100 113–114
Figurenmuster 115
 Geometrie Linien und Strecken 116–117
 Größen Zentimeter und Meter 118–119

5. Übungen, Knobeleien und Projekte
Rechnen bis 20 120–121
Aus der Knobelkiste 122–123
Mini-Projekt In der Weihnachtszeit 124–125
Mini-Projekt Bald feiern wir Ostern 126–127
Mini-Projekt Heute ist Wandertag;
 Geometrie Mini-Projekt Labyrinthe 128–129
Mini-Projekt Das macht nach Adam Ries 130–131
 Geometrie Mini-Projekt Mathematik und Kunst . . . 132–133
„Fit für die Klasse 2?" 134–135

Impressum 136

Hinweise zu den Aufgaben

- Lerne mit einem anderen Kind!
- Übe und schätze ein, ob du es schon kannst!
- Gestalte selbst ein Arbeitsblatt!
- Achtung! Eine schwere Aufgabe!
- Schreibe ins Heft!

Bild unter Verwendung von links, rechts, vorn, oben, unten beschreiben

Zählen von Personen und Gegenständen; Mengen und Anzahlen vergleichen

Was kann ich schon?

Mehr oder weniger?

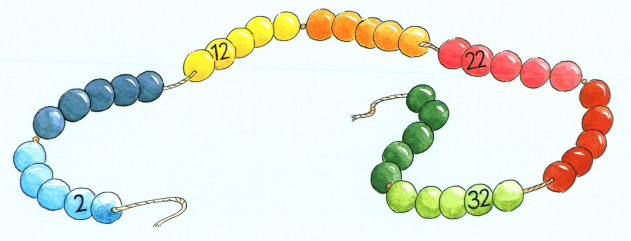

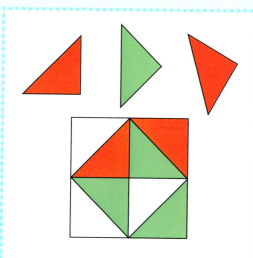

Erstes kennen lernen wichtiger Themen der 1. Klasse

Lernausgangniveau im Vorwärts- und Rückwärtszahlen, im Vergleichen von Mengen, im Lesen von Zahlen und im Lesen von Mustern feststellen

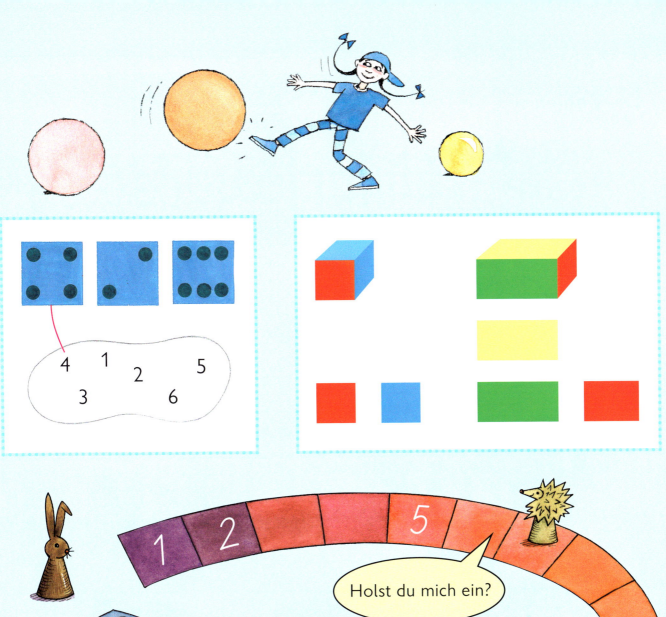

Holst du mich ein?

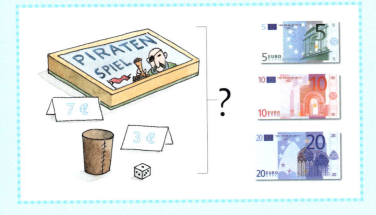

2 + 1 =   2 − 1 =
2 + 2 =   3 − 1 =
3 + 4 =   4 − 2 =
4 + 3 =   5 − 3 =
5 + 3 =   6 − 4 =

Lernausgangsniveau im Zuordnen zwischen Mengen und Zahlen, im Zerlegen von Zahlen, im Rechnen mit Geld und Zahlen feststellen, Würfelspiel spielen

1. Zahlen bis 10

Die Zahlen von 1 bis 10

Bild beschreiben unter Verwendung von links, rechts, vorn, hinten, oben und unten

Zählen; wechselseitiges Zuordnen zwischen Mengen und Zahlen

✂️ Klebe oder male Bilder von verschiedenen Dingen auf ein Blatt und ordne Zahlen zu!

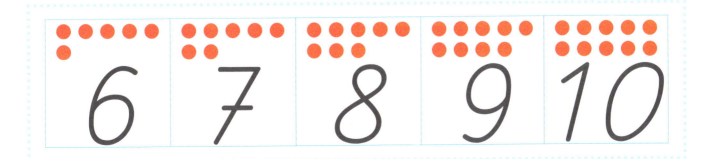

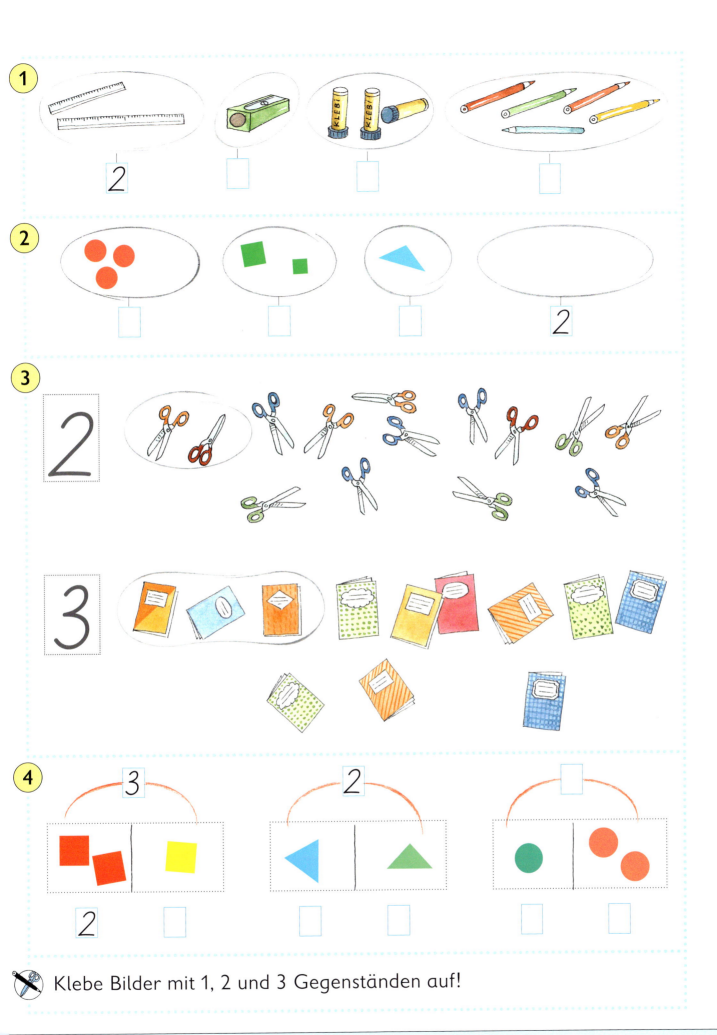

Klebe Bilder mit 1, 2 und 3 Gegenständen auf!

1–2 Zählen; wechselseitiges Zuordnen zwischen Mengen und Zahlen
3 Mengen bündeln
4 Zahlen zerlegen

Die Zahlen 4, 5, 6

12
1 Bild unter Verwendung von links, rechts, oben, unten beschreiben; Dinge zählen
2 Zahlen 4, 5, 6 auf Zehnerstreifen mit Strichlisten und Ziffern darstellen
3 Ziffernschreibweise erklären und üben
4 fehlende Zahlen ergänzen

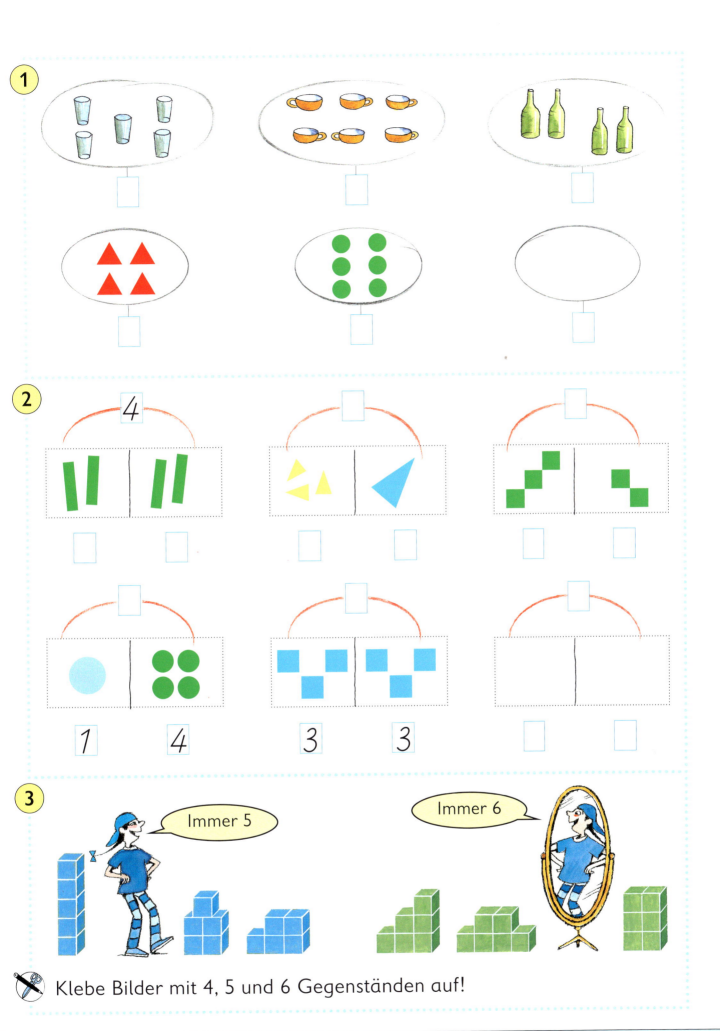

Die Zahlen 7, 8, 9

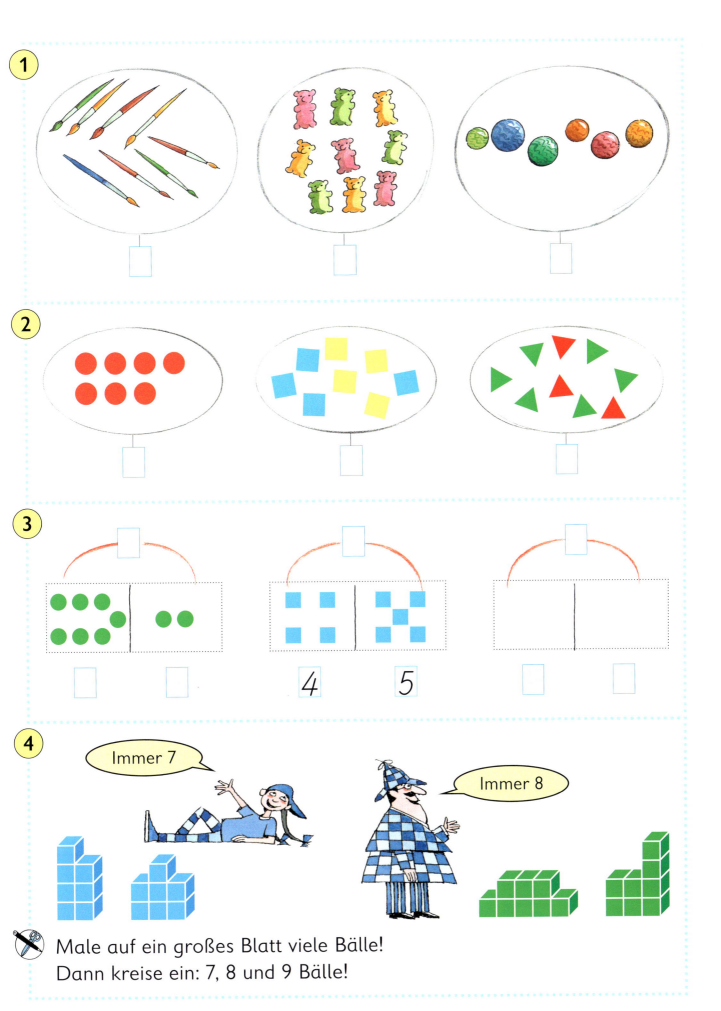

Male auf ein großes Blatt viele Bälle!
Dann kreise ein: 7, 8 und 9 Bälle!

Die Zahl 10

Mini-Projekt
Lieblingszahlen

Gestalte ein Blatt zu deiner Lieblingszahl!

1 Lieblingszahlen der Kinder erfragen, dazu eine Strichliste anfertigen und diese mit der Buchstrichliste vergleichen
2 Darstellungen der Kinder beschreiben
3 Muster der Zählfolgen erkennen, fehlende Zahlen ergänzen

Sortieren und Auslegen

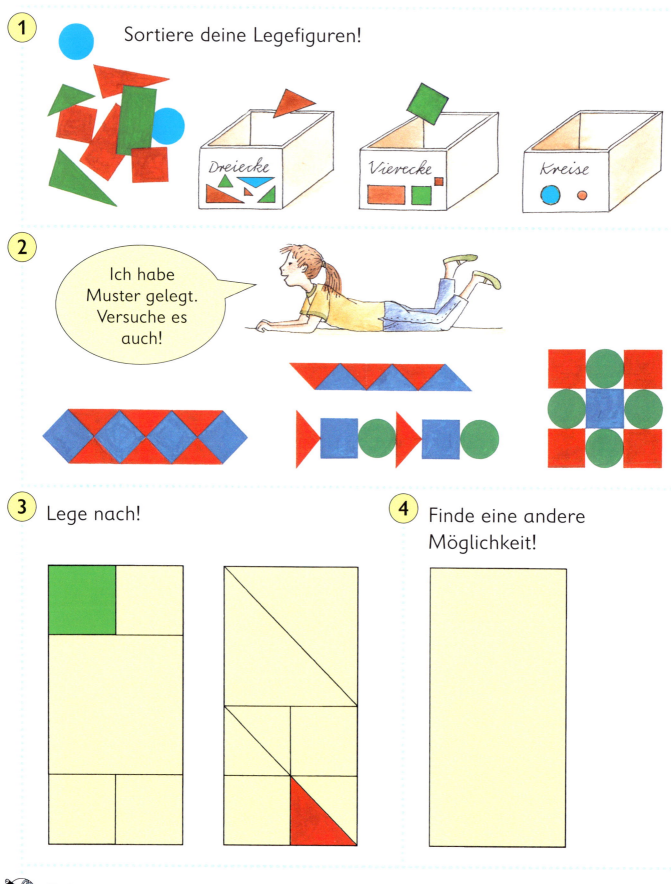

 Erfinde eigene Muster!

1 Legefiguren nach Dreiecken, Vierecken, Kreisen sortieren
2 abgebildete Muster erkennen, beschreiben und nachlegen

3–4 Rechtecksform auf verschiedene Weise nachlegen, Zusammenhänge zwischen unterschiedlichen Legeteilen erkennen

1 Lege aus!

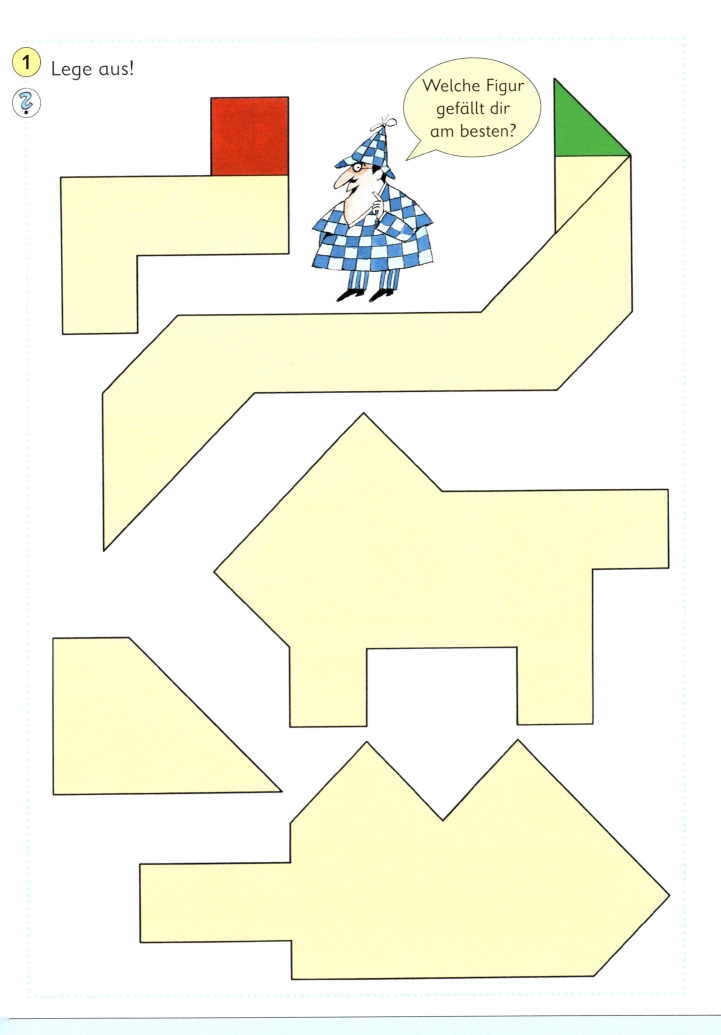

Zählreime

1, 2, 3 und 4.
4 haben wir.
Alle 4, die fressen
2 von ihnen sind nicht scheu.
1 hat 7 Kinderlein.
Schaut mal in den hinein!

1, 2, 3 –
kommt alle schnell herbei.
4, 5, 6 –
da kommt die kleine Hex.
7, 8, 9 –
die wird sich aber freun,
denn bei 10
musst du gehn.

1, 2, 3 – jetzt sind wir auch dabei.
4, 5, 6 – wir machen keinen Klecks.
7, 8, 9 – das Lernen, das ist fein.
Auch die 10, die soll hübsch grade stehn.

Zählreime und Zahlenlieder lernen

Zahlen und Figuren

1 Immer 4

2, 2

2 Immer 5

3 Immer 6

4 Immer 7

5 Immer 8

6 Immer 9

1–6 zu jeder Zahl viele verschiedene Figurenmuster entwerfen, beschreiben und passende Zahlzerlegungen zuordnen

Mini-Projekt

Zahlen fühlen, legen, …

1
2 Zahlen formen
3 Zahlen legen
4 Zahlen schreiben
5 Zahlenbilder malen

Zahlen und Formen in der Umwelt

 Gestalte ein Blatt mit Zahlen aus deiner Umwelt!

über Zahlen und Formen aus der Umwelt erzählen, über Bedeutungen der Zahlen sprechen, fehlende Zahlen ergänzen

Bilder unter Verwendung von links, rechts, vorn, oben, unten beschreiben

Sortieren und Legen von Mustern

24 1–2 Gegenstände und Figuren nach Merkmalen sortieren   3 Muster erkennen und fortsetzen

Bauen und Zählen

1 Baue und zähle!

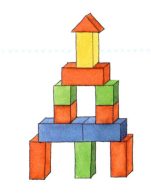

⬜	△	▭	🟢	🟦
////	/		///	
4	1		3	

2

3

 Male eine bunte Kette!
Zähle die Perlen mit der gleichen Farbe!

*1–2 Figuren bauen und zählen,
Strichlisten anfertigen,
selbst mit Bausteinen weiter bauen und zählen*

*3 Muster erkennen, fortsetzen,
Perlen gleicher Farbe zählen,
selbst Perlenketten mit Mustern auffädeln*

25

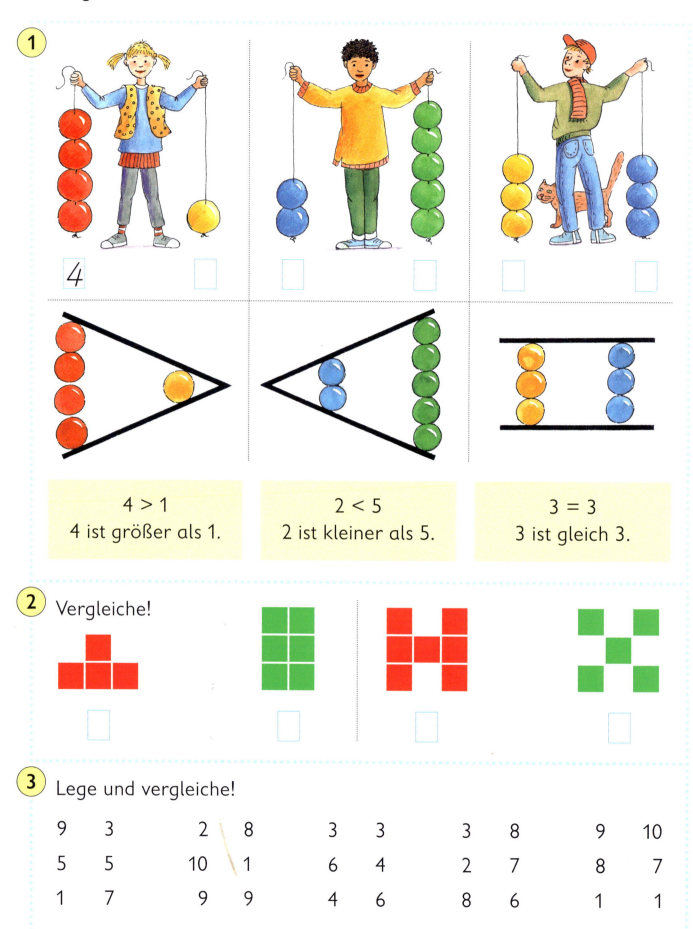

1

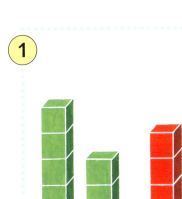  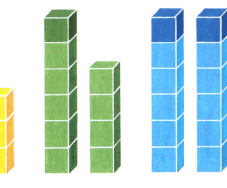

4 > 2   ☐ ☐   ☐ ☐   ☐ ☐   ☐ ☐   ☐ ☐

2 Lege und vergleiche!

8	5	5	2	2	6	2	2
2	9	7	4	7	3	9	8
7	6	8	6	4	5	4	4
9	3	6	2	3	3	7	5

3

☐ > ☐   ☐ < ☐

☐ = ☐   ☐ < ☐

☐ < ☐   ☐ > ☐

4

Spielanleitung:
2 Kinder würfeln abwechselnd mit dem Würfel. Wer die größere Augenzahl hat, darf einen Kreis mit einem Legeplättchen auslegen. Bei gleicher Augenzahl dürfen es beide tun. Sieger ist, wer seine Figur zuerst vollständig ausgelegt hat.

Vergleichen der Zahlen von 1 bis 10

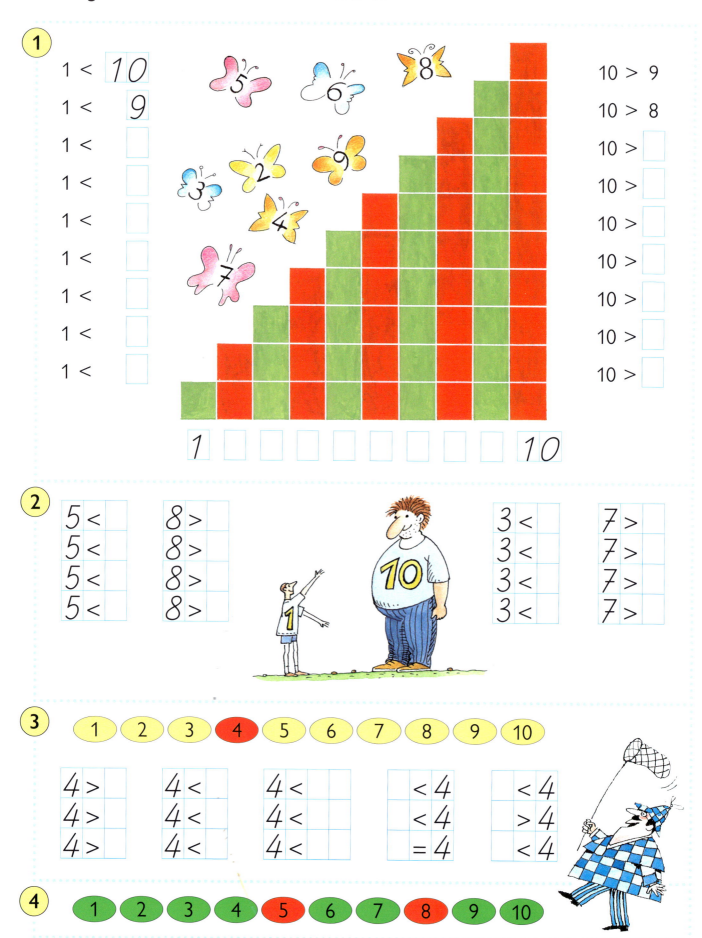

Nachbarzahlen

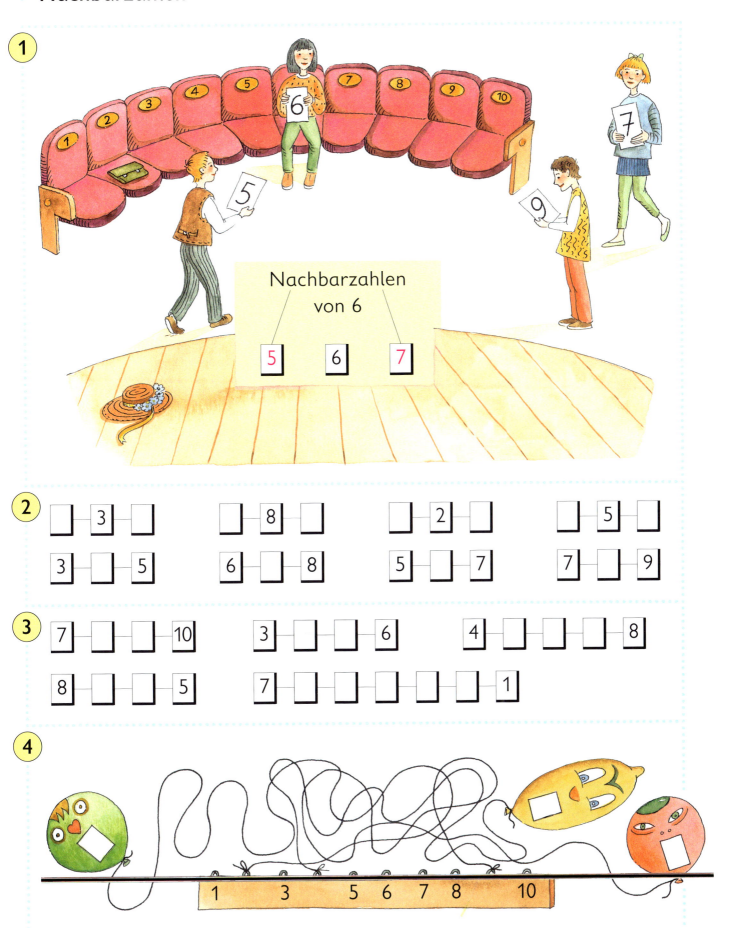

1 Bild beschreiben, Nachbarzahlen von 6 nennen
2–3 Nachbarzahlen einer Zahl sowie von Zahlen, die zwischen zwei gegebenen Zahlen liegen, bestimmen
4 Luftballons den fehlenden Zahlen zuordnen

Nachbarzahlen

1

3	**4**	5
Vorgänger von 4	Zahl	Nachfolger von 4

2

Vorgänger	Zahl	Nachfolger
2	3	4
	6	
	5	
	7	

V	Z	N
	2	
3		5
7		
		10

V	Z	N
		6
5		
		9
6		

3

Vorgänger	3		1		2		
Zahl	4	6		7	5		
Nachfolger	5		9			10	

4

Mein rechter, rechter Platz ist leer.
Ich wünsche mir den Nachfolger von 8 her!

Das kann ich schon!

Zählen		**1** Zähle! von 2 bis 7 von 5 bis 10	**2** von 8 bis 4 von 10 bis 3
		3 … 9, 10, 11, 12, …	
Zahlen darstellen	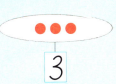	**4** Lege! 2, 5, 8, 10	**5** 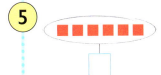
Zahlen zerlegen	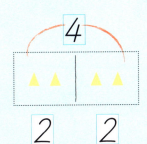	**6**	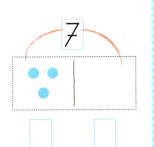
Zahlen vergleichen	1 < 5 4 > 2 6 = 6	**7** 3 10 4 8 8 2 6 9	**8** ☐ < 7 5 > ☐ 12 12 15 17
Nachbarzahlen angeben		Vorgänger    Nachfolger	

9

Vorgänger	2	8		7		5		9	10	14
Zahl	3	5			0		4	10	1	15
Nachfolger	4		10	8		3			12	

31

2. Addieren und Subtrahieren bis 10

Addieren bis 10

1

$$4 + 3 = 7$$
4 plus 3 ist gleich 7.

2

3 + 2 = ☐   ☐ + ☐ = ☐   ☐ + ☐ = ☐

3

2 + 6 =   6 + 4 =   3 + 1 =   5 + 2 =
5 + 1 =   2 + 2 =   1 + 8 =   3 + 6 =
4 + 5 =   7 + 2 =   3 + 7 =   9 + 1 =

1 Lege auf dem Zehnerstreifen!

4 + 4 =   ☐ + ☐ = ☐   ☐ + ☐ = ☐

2 Lege und rechne!

3 + 2 =   7 + 3 =   8 + 1 =   9 + 1 =
1 + 7 =   5 + 4 =   8 + 2 =   3 + 5 =
3 + 4 =   6 + 1 =   4 + 3 =   2 + 6 =

3 Rechne! Was stellst du fest?

4 + 2 =   5 + 5 =   4 + 5 =   2 + 4 =
4 + 3 =   4 + 5 =   5 + 4 =   3 + 5 =
4 + 4 =   3 + 5 =   6 + 3 =   4 + 6 =

4 Zusammen immer 5
Werft Plättchen!

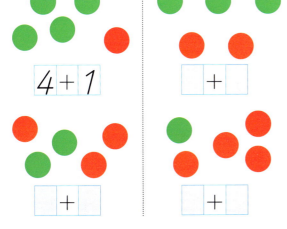

4 + 1   ☐ + ☐

☐ + ☐   ☐ + ☐

Welche Zerlegungen erhaltet ihr am häufigsten?

Schreibe alle Plus-Aufgaben mit dem Ergebnis 10 auf!

5 Immer 7

7 = 4 + 3   7 = ☐ + ☐

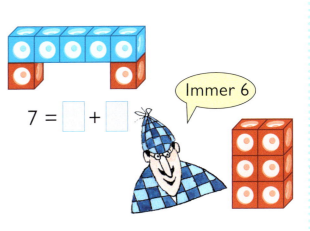

7 = ☐ + ☐

Immer 6

Tauschaufgaben

1

4 + 2 = ☐
2 + 4 = ☐

2

5 + 3 = ☐   3 + 5 = ☐   2 + 3 = ☐   ☐ = ☐ + ☐

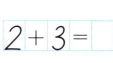

3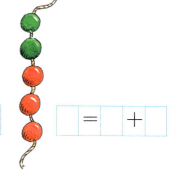

2 + 5 = ☐
☐ + ☐ = ☐

☐ + ☐ = ☐
☐ + ☐ = ☐

☐ + ☐ = ☐
☐ + ☐ = ☐

4

5 + 3 = ☐   7 + 2 = ☐   1 + 8 = ☐   6 + 2 = ☐   3 + 4 = ☐
3 + 5 = ☐   ☐ + ☐ = ☐   ☐ + ☐ = ☐   ☐ + ☐ = ☐   ☐ + ☐ = ☐

5

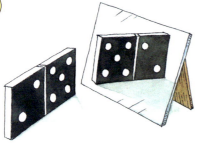

4 + 6   2 + 8   6 + 4   3 + 7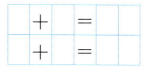

1 + 9   5 + 5   9 + 1

1 Bild beschreiben, Tauschaufgaben erkennen und lösen   2 bis 5 Tauschaufgaben zuordnen und lösen

Rechentabellen

1

+	3	5	1	6
4	4+3 7	4+5	4+1	4+6

2

+	1	2	3	4	5	6
3						

+	5	4	3	2	1
5					

3

+	2	4	1	5	3
5	7				
2					

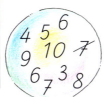

+	3	1	2	4
6				
1				

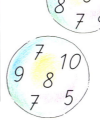

4

+	5	7	4
1	6		
2			

+	4	2	5
5			
3			

+	3	4
2		
4		
5		10

5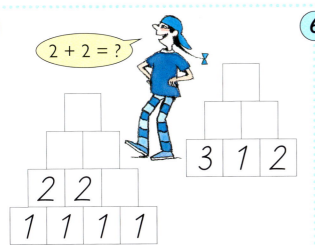
2 + 2 = ?

6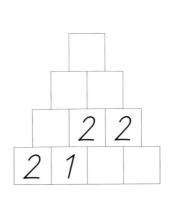

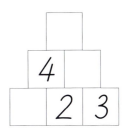

 Zeichne eine Rechenmauer, trage Zahlen ein und löse die Aufgaben!

Subtrahieren bis 10

1 Der Herbst, der Herbst, der Herbst ist da!
Er bringt uns Obst, hei hussassa!
Macht die Blätter bunter, wirft die Äpfel runter.

$6 - 2 = 4$

6 minus 2 ist gleich 4.

2

☐ − ☐ = ☐

☐ − ☐ = ☐

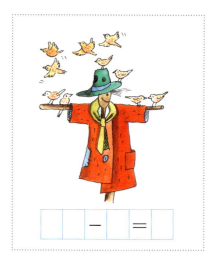

☐ − ☐ = ☐

3

7 − 3 = ☐   3 − 2 = ☐   10 − 9 = ☐   4 − 2 = ☐

8 − 5 = ☐   5 − 1 = ☐   8 − 6 = ☐   9 − 3 = ☐

6 − 4 = ☐   9 − 5 = ☐   7 − 5 = ☐   6 − 1 = ☐

 Schreibe eine Minus-Aufgabe auf und male ein passendes Bild dazu!

1

5   5 − ☐ = ☐   ☐   ☐ − ☐ = ☐

2 Lege und rechne!

9 − 3 =   5 − 2 =   10 − 1 =   4 − 1 =
4 − 3 =   10 − 6 =   8 − 3 =   7 − 4 =
8 − 2 =   6 − 4 =   7 − 5 =   10 − 3 =

3 Rechne! Was stellst du fest?

8 − 2 = ☐   8 − 4 = ☐   6 − 4 = ☐   6 − 5 = ☐
8 − 3 = ☐   9 − 4 = ☐   7 − 5 = ☐   7 − 4 = ☐
8 − 4 = ☐   10 − 4 = ☐   8 − 6 = ☐   8 − 3 = ☐

4

 Ich lege, du rechnest.   Legt und rechnet weiter!

9   9 − 6 = ☐   9 − ☐ = ☐   9 − ☐ = ☐

5 Legt die Muster nach! Nehmt immer die roten Plättchen weg und rechnet!

_____   _____   _____   _____

Umkehraufgaben

1

5 + 3 = ☐   8 − 3 = ☐
Aufgabe   Umkehraufgabe

2

6 + 2 =   5 + 4 =   1 + 8 =
8 − 2 =   9 − 4 =   9 − 8 =

6 + 3 =   2 + 4 =   7 + 1 =   3 + 4 =   ☐ + ☐ =
 − 3 =   − 4 =   − 1 =   − 4 =   − =

3

7 − 3 =   5 − 2 =   9 − 5 =
4 + 3 =   3 + 2 =   4 + 5 =

9 − 2 =   5 − 3 =   8 − 6 =   6 − 4 =   ☐ − ☐ =
 + 2 =   + 3 =   + 6 =   + 4 =   + =

4

3  sind im . 5  kommen dazu.

Erfinde Geschichten mit Umkehraufgaben!

8  sind im . 5  fliegen weg.

Rechentabellen

1

−	2	5	1	3
6	6 − 2 **4**	6 − 5	6 − 1	6 − 3

2

−	1	2	3	4	5
8					

−	9	8	7	6	5
10					

3

−	4	1	3	5	6
9	5				
7					

+	5	3	6	2	4
4					
3					

4

−	7	3	5
10			
9			

−	4	5	2
7			
6			

+	4	3
6		
3		
2		

5 Wie rechnest du?

Rechenmauern: 10 / 6 / 4 ; 9 / 5 / 2 ; 10 / 5 / 3 / 2

Zeichne eine Rechentabelle und löse die Aufgaben!

Die Zahl 0

1 Wo entdeckst du die Zahl 0?

$6 - 6 = \square$

2 Erzähle!

3 □ □ □

3 Lege Plättchen! Nimm immer ein Plättchen mehr weg und rechne!

$6 - 1 = \square$ $6 - 2 = \square$ $6 - 3 = \square$

$6 - 4 = \square$ $6 - 5 = \square$ $6 - 6 = \square$

4 <, =, >?

6 > 0   3 □ 9   7 □ 0   10 □ 0   9 □ 9   2 □ 5
0 □ 8   0 □ 5   6 □ 6   4 □ 7   3 □ 0   8 □ 0

✂ Male ein Bild für eine Rechengeschichte zur Zahl 0!

---

40   1 über verschiedene Bedeutungen der Zahl 0 im Alltag sprechen
      2 zur Bildfolge Rechengeschichten erzählen
      3 Aufgaben rechnen, dabei die Zahl 0 als Ergebnis der Aufgabe 6 – 6 gewinnen

Rechnen mit der Zahl 0

1 Lege und rechne! Achte auf eine nicht lösbare Aufgabe! (10)

5 + 0 =	5 − 0 =	3 + 6 =	5 + 5 =
0 + 7 =	6 − 6 =	10 − 5 =	5 − 5 =
1 + 8 =	8 − 0 =	8 − 8 =	4 + 4 =
0 + 9 =	5 − 4 =	0 + 4 =	4 − 4 =
6 + 0 =	7 − 7 =	6 − 9 =	9 − 0 =

2

+	0	1	2	3	4
5					

−	0	1	2	3	4	5
5						

3

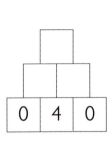 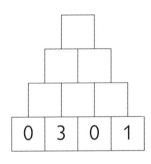 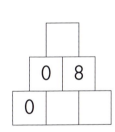 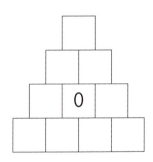

4 Erzähle Rechengeschichten!

5 Erfinde Rechengeschichten und rechne!

7 − 7 = ☐   4 − 0 = ☐   0 + 5 = ☐   8 + 0 = ☐

1–5 Besonderheiten beim Rechnen mit 0 erkennen und anwenden.

41

Der Zahlenstrich

1 Zähle mit den Augen von 0 bis 10!

2 Ergänze! Zeige den ungefähren Platz jeder Zahl auf dem Zahlenstrich!

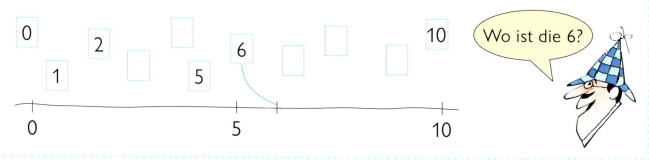

3 Welche Zahlen hat Anna gezeichnet?

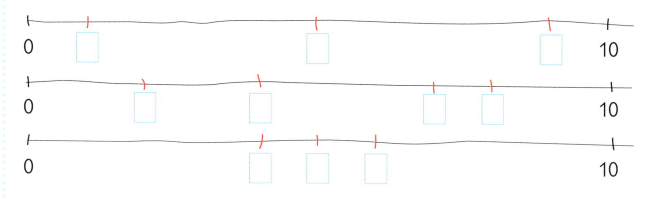

4 Welche Zahlen hat Malte eingezeichnet?

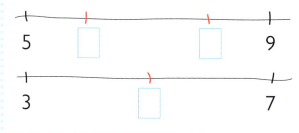

5 Male Zahlenstriche mit:

- 0, 3, 5
- 0, 4, 7, 8
- 1, 3, 4, 6

- 0, 1, 10
- 4, 7, 8, 9
- 2, 4, 6, 10

Ordnungszahlen

1–4 Bilder mit eigenen Worten beschreiben, Ordnungszahlen ergänzen

Gleichungen

1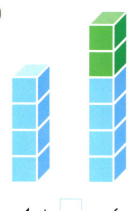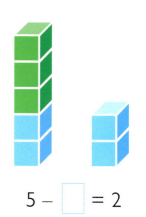

4 + ☐ = 6   5 − ☐ = 2

2 Baue und rechne!

3 + ☐ = 6	1 + ☐ = 9	4 − ☐ = 3	10 − ☐ = 5
6 + ☐ = 7	2 + ☐ = 5	7 − ☐ = 5	5 − ☐ = 1
4 + ☐ = 8	6 + ☐ = 9	8 − ☐ = 2	9 − ☐ = 3
5 + ☐ = 9	2 + ☐ = 8	6 − ☐ = 3	7 − ☐ = 5

3

4 + ☐ = 9	6 + ☐ = 8	☐ − 2 = 7
9 − ☐ = 3	8 − ☐ = 7	☐ + 3 = 10
6 + ☐ = 8	4 + ☐ = 9	☐ − 3 = 5
8 − ☐ = 4	7 − ☐ = 1	☐ + 4 = 9

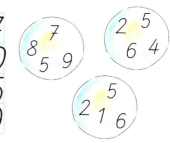

4

7 = 3 + 4	9 = 8 + ☐	10 = 5 + ☐	8 = 4 + ☐
9 = ☐ + ☐	9 = ☐ + ☐	10 = ☐ + ☐	8 = ☐ + ☐
6 = ☐ + ☐	9 = ☐ + ☐	10 = ☐ + ☐	8 = ☐ + ☐

5 Lies, stelle Fragen, rechne und antworte!

Lea hat 3 .   Tina hat 7 .   Kim hat 10 .

Leo hat 5 .   Tino hat 2 .   Tim hat 5 .

1 *Gleichungen mithilfe der Würfeltürme lösen*   2–4 *Gleichungen lösen, Lösungszahlen durch Einsetzen und Nachrechnen prüfen*

Aufgabenfamilien

1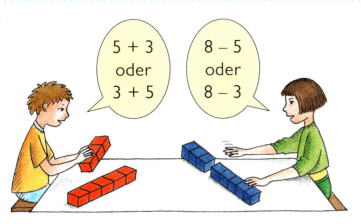

"5 + 3 oder 3 + 5" "8 – 5 oder 8 – 3"

4 Aufgaben sind eine Aufgabenfamilie.

Haus: 8 / 5 | 3
5 + 3 = ☐
3 + ☐ = ☐
8 – ☐ = ☐
8 – ☐ = ☐

2 Welche Aufgaben gehören zusammen?

3 + 4 = 7
10 – 8 = 2
2 + 8 = 10
10 – 2 = 8
7 – 4 = 3
8 + 2 = 10
7 – 3 = 4

Haus: 7 / 3 | 4
4 + 3 = 7

Haus: 10 / 8 | 2

3

Haus: 6 / 4 | 2
4 + 2 = ☐

Haus: / 6 | 3
3 + 6 = ☐

Haus: 8 / 2 |
8 – 2 = ☐

Haus: 7 / |
5 + 2 = ☐

4
10   8   7   9   6   ☐

Ungleichungen

1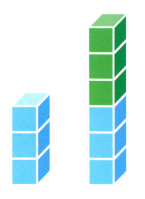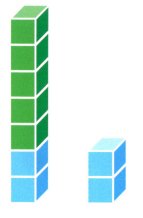

3 + ☐ < 6
☐ 0, 1, ____

7 − ☐ > 2
☐ 0, 1, ____

2

2 + ☐ < 6
☐ ____

5 + ☐ < 9
☐ ____

0 + ☐ < 8
☐ ____

4 + ☐ < 10
☐ ____

8 − ☐ > 4
☐ ____

9 − ☐ > 5
☐ ____

8 − ☐ > 3
☐ ____

10 − ☐ > 2
☐ ____

3

1 + ☐ < 4
☐ ____

8 − ☐ > 3
☐ ____

8 − ☐ < 6
☐ ____

5 < 3 + ☐
☐ ____

6 < 10 − ☐
☐ ____

7 − ☐ < 4
☐ ____

8 − ☐ > 6
☐ ____

5 > 3 + ☐
☐ ____

4 Lies, stelle Fragen! Rechne und antworte!

Tina hat 4 ✏.
Tino hat 2 ✏
mehr als Tina.

Lea hat 9 ✏.
Leo hat 3 ✏
weniger als Lea.

Kim hat 5 ✏.
Sie will aber
8 ✏ haben.

Rechenbefehle

1

2 →+5→ ☐   9 →−4→ ☐

2
2 →+3→ ☐   4 →+3→ ☐   8 →−6→ ☐   9 →−2→ ☐
5 →+4→ ☐   7 →+2→ ☐   5 →−3→ ☐   7 →−5→ ☐
6 →+3→ ☐   1 →+8→ ☐   2 →−2→ ☐   10 →−4→ ☐

3

+3	
6	
4	
7	

+5	
5	
0	
2	

−2	
9	
7	
6	

−4	
10	
5	
6	

−3	
8	
4	
6	

4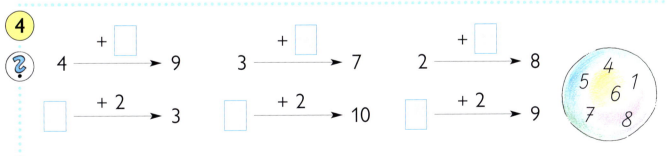

4 →+☐→ 9   3 →+☐→ 7   2 →+☐→ 8
☐ →+2→ 3   ☐ →+2→ 10   ☐ →+2→ 9

5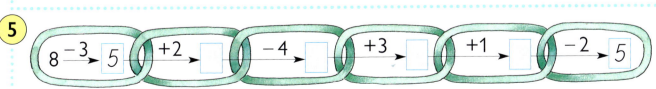

8 →−3→ 5 →+2→ ☐ →−4→ ☐ →+3→ ☐ →+1→ ☐ →−2→ 5

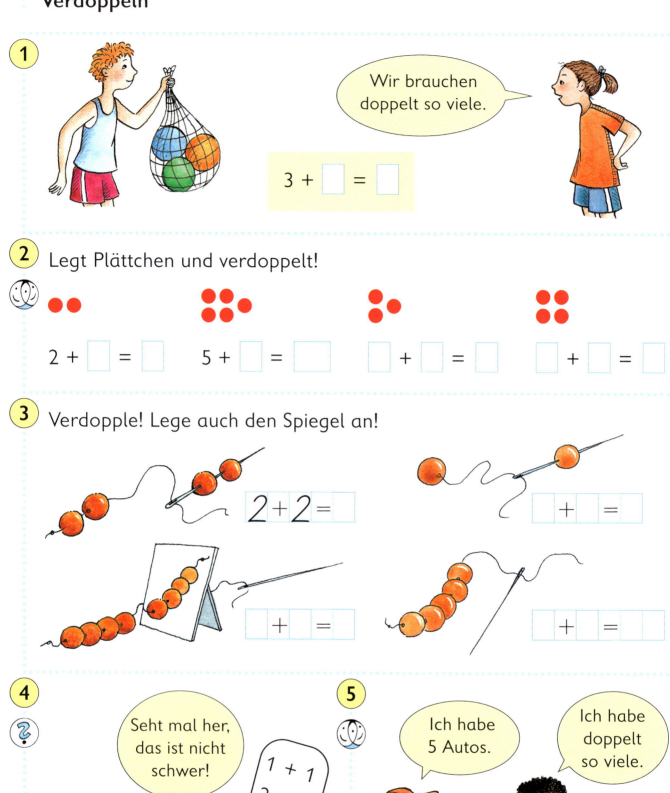

Halbieren

  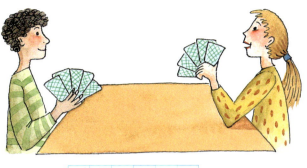

10   10 = ☐ + ☐

 Legt und halbiert! Was entdeckt ihr?

☐ = ☐ + ☐   ☐ = ☐ + ☐   ☐ = ☐ + ☐   ☐ = ☐ + ☐

 Halbiere!

  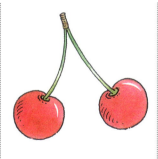 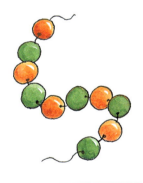

4 = ☐ + ☐   8 = ☐ + ☐   ☐ = ☐ + ☐   ☐ = ☐ + ☐

Zahl	3	5	1	4		
das Doppelte						

Zahl	10	4	5	6		
die Hälfte						

Was fällt dir auf?

1 Bildfolge beschreiben, Aufgabe zuordnen und rechnen   2–3 durch Legen Mengen halbieren, Aufgaben zuordnen und rechnen, Erkennen, dass nicht alle Zahlen halbiert werden können

Rechnen mit mehr als zwei Zahlen

1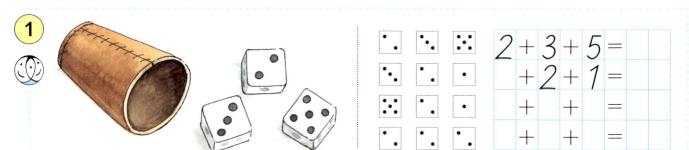

2 + 3 + 5 =
 + 2 + 1 =
 + + =
 + + =

2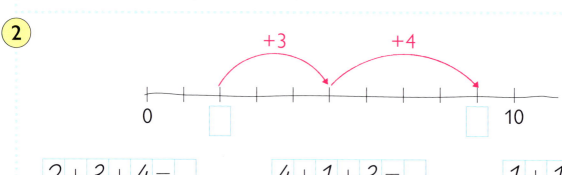

2 + 3 + 4 =
6 + 0 + 2 =
1 + 2 + 3 =

4 + 1 + 3 =
3 + 4 + 1 =
1 + 3 + 4 =

1 + 1 + 1 =
2 + 2 + 2 =
3 + 3 + 3 =

3

4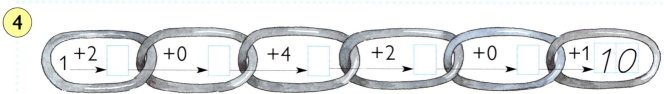

Gestalte ein Blatt mit Kettenaufgaben!

1 *Bild beschreiben, zugehörige Aufgaben lösen*   2 *Aufgaben mithilfe des Zahlenstrichs oder des Legematerials rechnen*

1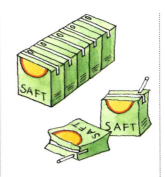

10   10 − 3 = ☐   ☐ − 2 = ☐   10 − 3 − 2 = ☐

2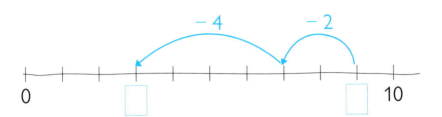

9 − 2 − 4 =
9 − 3 − 3 =
9 − 4 − 2 =

8 − 4 − 3 =
10 − 3 − 2 =
7 − 1 − 1 =

10 − 5 − 2 =
8 − 0 − 6 =
9 − 2 − 7 =

3 Rechne! Was stellst du fest?

10 − 1 − 1 = ☐
10 − 2 − 2 = ☐
10 − 3 − 3 = ☐

8 − 5 − 2 = ☐
8 − 3 − 4 = ☐
8 − 6 − 1 = ☐

9 − 4 + 4 = ☐
9 − 6 + 6 = ☐
9 − 7 + 7 = ☐

4
4 − 2 − ☐ = 0
8 − 1 − ☐ = 0
7 − 3 − ☐ = 4
9 − ☐ − 4 = 2
6 − ☐ − ☐ = 0
6 − ☐ − ☐ =

5 Bilde viele verschiedene Aufgaben und löse sie!

5 + 4 − 3 = 6
3 + 4 − 5 =
5 − 4 + 3 =
4 + ☐ − ☐ =
☐ + ☐ − ☐ =

Geldwerte bis 10 Cent und bis 10 Euro

1 zum Bild erzählen, über Geld sprechen
2 Vorder- und Rückseiten der Münzen beschreiben und zuordnen
3 Vorder- und Rückseiten der Scheine erkunden und beschreiben

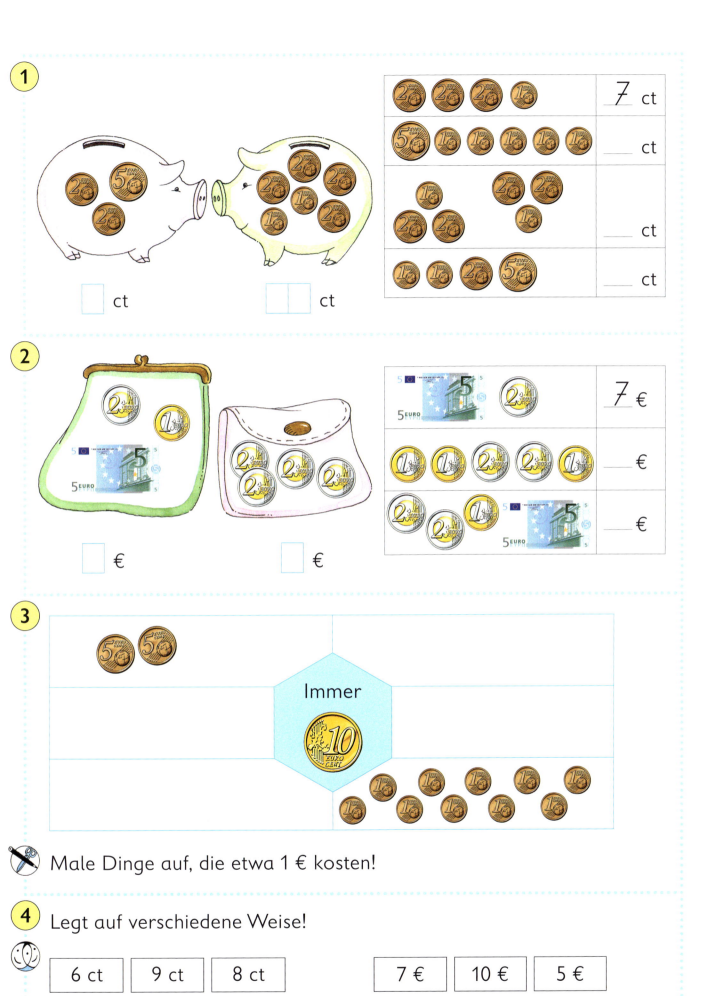

Rechnen mit Geld

1

2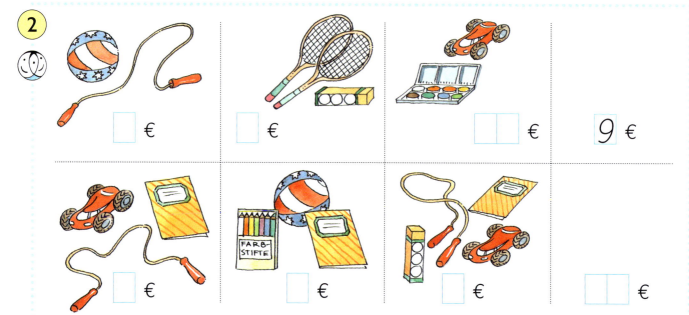

3

2 ct + 3 ct = ☐ ct   4 € + 4 € = ☐ €   Erzähle zu einer
6 ct − 2 ct = ☐ ct   5 € − 1 € = ☐ €   Aufgabe eine
5 ct + 4 ct = ☐ ct   7 € + 2 € = ☐ €   Rechengeschichte!

6 ct + 3 ct = ☐ ct   7 € − 6 € = ☐ €
7 ct + 2 ct = ☐ ct   6 € − 1 € = ☐ €
2 ct + 5 ct = ☐ ct   8 € − 5 € = ☐ €
                      10 € − 7 € = ☐ €

Was kostet weniger als 10 €?
Klebe dafür Preisangaben auf!

1

 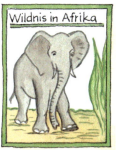  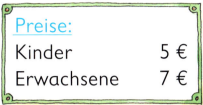

Reicht das Geld?

 €   €

Wie viel Geld bekommt jeder zurück?

□ €   €

2 Wie viel Geld muss jedes Kind bezahlen?

	🧃	🍬	🍨	
Ria	/	/	/	_6_ €
Tom	//	//	/	___ €
Lisa	//	///		___ €
Uli	//	/	//	___ €
				___ €

3 Was könntest du für 10 € kaufen?

	🥛	🧈	🥚
10 €	//	//	//
10 €			
10 €			
10 €			
10 €			

Würfel, Quader und Kugel

 Klebe Bilder von Würfeln, Quadern und Kugeln auf!

 Gestalte Würfel, Quader und Kugeln wie die Kinder!

Würfel, Quader und Kugel

1

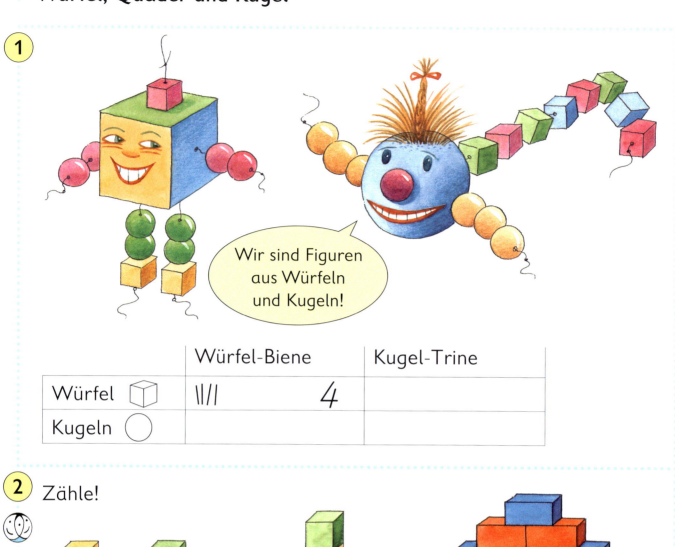

	Würfel-Biene	Kugel-Trine
Würfel ▢	|||| 4	
Kugeln ○		

2 Zähle!

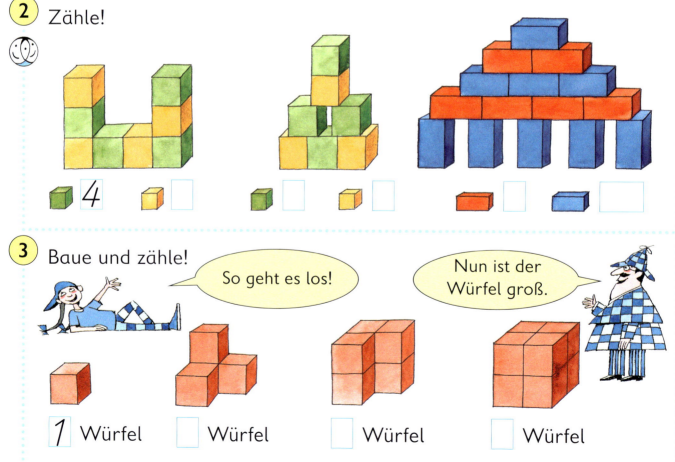

3 Baue und zähle!

"So geht es los!"   "Nun ist der Würfel groß."

1 Würfel   ☐ Würfel   ☐ Würfel   ☐ Würfel

---

1 Würfel, Quader und Kugeln an den Figuren erkennen, zählen und eine Strichliste anfertigen
2 Bauwerke mit Bausteinen nachbauen, Würfel und Quader jeweils zählen
3 Baumuster erkennen, nachbauen und jeweils Würfel zählen

Experimentieren mit Würfelfiguren

1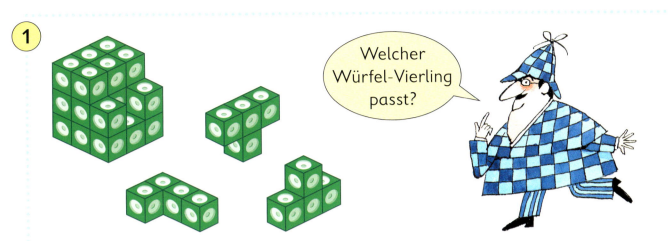

2 Es gibt acht verschiedene „Würfel-Vierlinge". Baut nach! Was fällt euch auf?

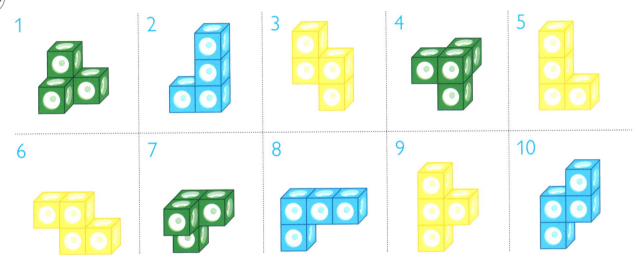

Welche Wüfel-Vierlinge sind gleich?
Baue noch einen anderen Würfel-Vierling!
Vergleiche mit anderen Kindern!

3 Baue und zähle!

Baue einen anderen „Würfel-Drilling"! Zeichne ihn so wie Lucie!

1 passende Würfelvierlinge benennen
2 Schrägbilder als Bauanleitung verstehen, identische Figuren in unterschiedlichen Lagen erkennen
3 einfache Baupläne verstehen und sie nach Bauwerken zeichnen

Aus der Knobelkiste

1 + oder – ?

6 □ 3 = 7   2
8 □ 4 = 3   1
3 □ 3 = 4   4

6 □ 2 = 8   5   5
7 □ 3 = 2   6   4
5 □ 4 = 9   3   5

2 Wie kommt der Hund an den Knochen?

3 Setze immer ein ▲ und ein ■ zu einem Haus zusammen! Finde alle Möglichkeiten!

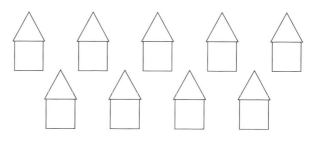

4 Ich habe doppelt so viele Karten wie du.

Zusammen haben wir 9.

Lea hat ☐.

Max hat ☐.

5 Welches Teil gehört in das freie Feld?

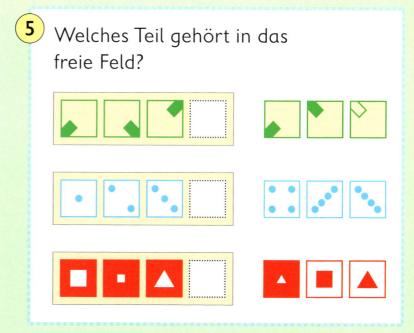

Üben von Station zu Station

① Station 1

Zahlen zerlegen

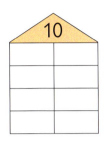

② Station 2 Geldbeträge halbieren

 Lege und halbiere!

10 € = ☐ € + ☐ €

7 € = ☐ € + ☐ €

8 € = ☐ € + ☐ €

Du kannst immer legen, malen oder Zwischenschritte aufschreiben.

③ Station 3 Würfelmuster

Baue Würfelmuster zu deiner Lieblingszahl. Schreibe Aufgaben!

6 + 2 = 8

④ Station 4

Rechengeschichten

An unserem 🌳 sind viele 🍎.
Wir schütteln. Was nun?

Erzähle Rechengeschichten!
Male und rechne!

Suche dir Stationen aus!

⑤ Station 5 Rechnen mit Pfiff

4 + 5 = ☐

Hanna:
4 + 4 = 8
8 + 1 = 9

Franz:
5 + 5 = 10
10 − 1 = 9

Probiere nun selbst!

3 + 2   4 + 3   6 + 5

⑥ Station 6
Aufgabenfamilien

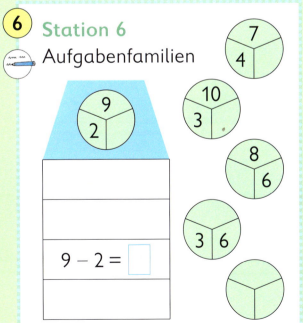

9 − 2 = ☐

Das kann ich schon!

Plus-Aufgaben	5+1=6 5+2=7	5+3=8 5+4=9	**1** 7 9 0+ _ _+_ _+_ _+_ _+_ _+_ _+_ _+_
Minus-Aufgaben	9−1=8 9−2=7	9−3=6 9−4=5	**2** 4 2 9−5 9−7 8−_ 8−_ _−_ _−_ _−_ _−_
Tausch-aufgaben	2+4=6 4+2=6	7+3=10 3+7=10	**3** 2+8= 8+2=
Umkehr-aufgaben	5+3=8 8−3=5	7+2=9 9−2=7	**4** 6+2= _−2=
Aufgaben-familien	3+4=7 4+3=7	7−4=3 7−3=4	**5**
Rechnen mit 0	2+0=2 0+2=2	2−0=2 2−2=0	**6** 6+0= 5−0= 0+8= 9−9=

 Gestalte ein Blatt mit deinen Lieblingsaufgaben!

 Das kann ich schon!

Rechentabellen

1.

+	3	2	0	4
6				

–	5	3	7	6
7				

Rechenbefehle

2. 6 →+3→ ☐   3 →+6→ ☐   10 →–☐→ ☐

   9 →–7→ ☐   7 →+2→ ☐   4 →+☐→ ☐

Geldbeträge

3. Lege 10 Euro mit
   – einem Schein und 3 Münzen,
   – 8 Münzen!

4. 2 € + 5 € = ☐ €
   9 € – 4 € = ☐ €
   7 € + ☐ € = 10 €

Würfel Kugel

5.

 Würfel

Rechengeschichten

6.

Erzählt Rechengeschichten!

3. Addieren und Subtrahieren bis 20

Die Zahlen von 11 bis 20

11 12 13 14 15

16 17 18 19 20

Schreib- und Sprechweise der Zahlen von 11 bis 20 kennen lernen

Darstellen der Zahlen von 11 bis 20

1

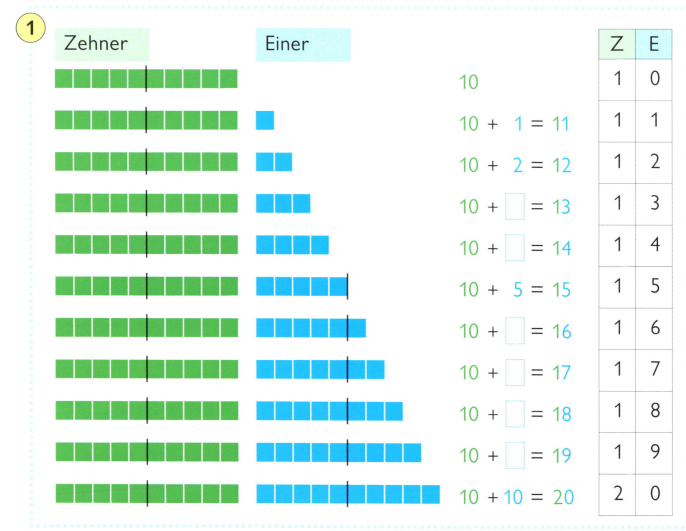

2 Tino legt: 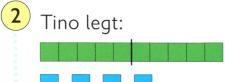 Er malt:  Er schreibt:

Lege, male und schreibe wie Tino: 11, 16, 18, 17, 20!

3 Pia legt 16 so:  Ron legt 16 so:

Wie legst du?

Lege auf verschiedene Weise: 15, 12, 18, 19, 20!

4 Ole ordnet zu. Hilf ihm!

20 11 12
14 18 13

achtzehn
dreizehn
elf vierzehn
zwanzig
zwölf

Nachbarzahlen

1

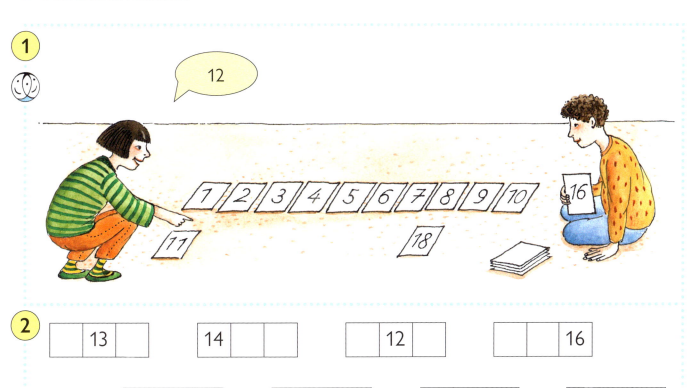

2

| | 13 | | | 14 | | | | 12 | | | | 16 | |

| | 15 | | | 18 | | | | 17 | | | 20 | |

3 Zähle   von 6 bis 12,   von 7 bis 16,   von 9 bis 17,   von 12 bis 19!

Zähle   von 13 bis 8,   von 18 bis 9,   von 15 bis 7,   von 20 bis 11!

4

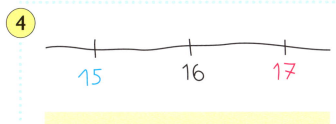

Vorgänger	Zahl	Nachfolger
	11	
	19	
14		
		13

15 ist der **Vorgänger** von 16.
17 ist der **Nachfolger** von 16.

5 Welche Zahlen sind es?

Zeichne Zahlenstriche mit: 10, 14, 15   15, 17, 19   10, 11, 19, 20

Der Zahlenstrahl

1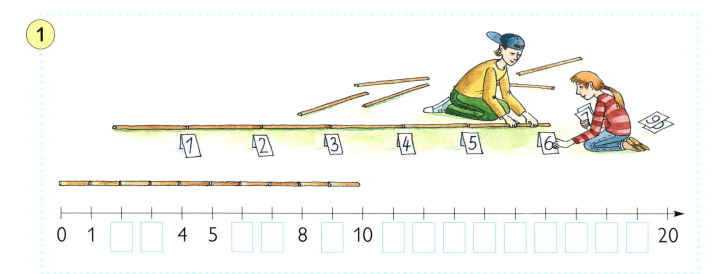

2 Welche Zahlen hat Anna gezeichnet?

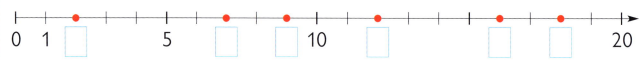

Zeige auf dem Zahlenstrahl: 0, 4, 8, 11, 13, 15!

3

Zeige auf dem Zahlenstrahl:
2, 6, 9, 19, 11, 7, 20!

Zeige:
– den Vorgänger von 13,
– den Nachfolger von 15,
– den Nachfolger von 9

Zeige die Zahlen, die
– zwischen 5 und 10,
– zwischen 11 und 14 liegen!

Zähle in Zweierschritten
und in Fünferschritten!
Zeige immer am
Zahlenstrahl!

Vergleichen und Ordnen der Zahlen bis 20

1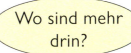

Tim legt:

Lina malt: Tilo zählt: Anna schreibt:

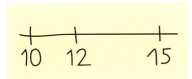   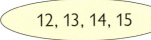   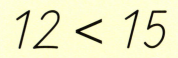

Und wie vergleichst du?

2

12	15	18	13	16	14	7	17
15	18	20	12	13	17	10	9
18	20	9	3	12	12	15	19
6	9	17	10	7	2	0	0

3

15 > ☐   12 < ☐   ☐ < 14   ☐ > 16

☐ 0, 1, 2, …, 14   18 < ☐   ☐ < 20   ☐ > 9

13 < ☐   ☐ < 16   ☐ > 12

11 < ☐   ☐ < 11   ☐ > 15

4 Ordne!

Beginne mit der kleinsten Zahl!   Beginne mit der größten Zahl!

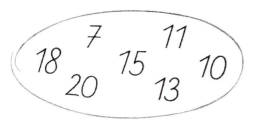      

1 verschiedene Vergleichsstrategien entdecken und beschreiben   2 Zahlen miteinander vergleichen

Was kann ich schon?

Rechnen bis 20

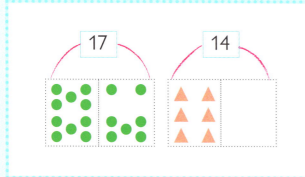

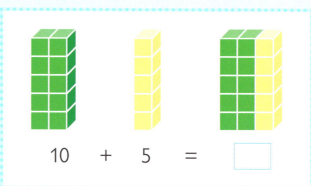

10 + 5 = ☐

Lege und rechne!

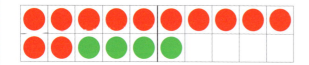

☐ + ☐ = ☐   ☐ − ☐ = ☐

11 = 10 + 1   13 = 10 + ☐   15 = ☐ + ☐   17 = ☐ + ☐
12 = 10 + ☐   14 = ☐ + ☐   16 = ☐ + ☐   18 = ☐ + ☐

Ich habe 8 Tierbilder.

Ich schenke dir 6 Tierbilder.

70 Ganzheitlicher Einstieg in das Rechnen bis 20:
Aufgaben besprechen und lösen,
Lernausgangsniveau der Kinder feststellen

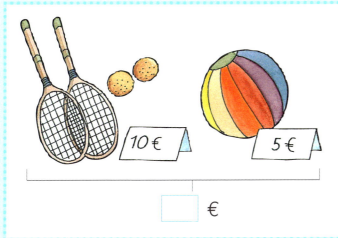

☐ €

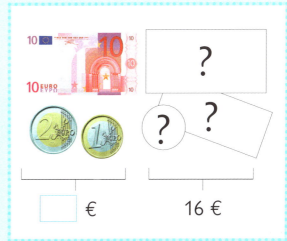

☐ €   16 €

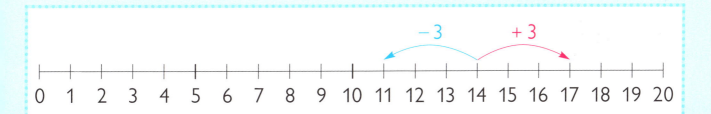

Gehe vor oder zurück!   14 + 3 = ☐   13 + 4 = ☐

14 − 3 = ☐   13 − 4 = ☐

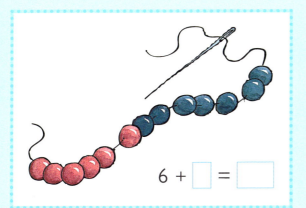

6 + ☐ = ☐

12 + 2 = ☐   6 + 6 = ☐
12 + 4 = ☐   7 + 7 = ☐
12 − 3 = ☐   8 + 8 = ☐
12 − 4 = ☐   9 + 9 = ☐

Addieren und Subtrahieren ohne Zehnerüberschreitung

1

2

12 + 7 =	15 + 5 =	18 − 4 =	19 − 8 =
14 + 5 =	17 + 2 =	13 − 0 =	16 − 6 =
13 + 6 =	16 + 3 =	19 − 7 =	14 − 0 =
11 + 8 =	14 + 6 =	14 − 3 =	20 − 7 =

3

12 + 8 =	20 − 8 =	11 + 6 =	
14 + 2 =	13 − 2 =	19 − 0 =	
18 + 1 =	14 − 3 =	13 + 2 =	
20 + 0 =	18 − 8 =	16 − 4 =	

1 Aufgaben auswählen und selbst Rechenwege dazu finden   3 Rechenwege anwenden, Selbstkontrollmöglichkeiten nutzen

1 Die Kinder der Klasse 1b rechneten so:

Nina:
$$14+2 = 10+4+2$$
$$= 10+6$$
$$= 16$$

Nadin:
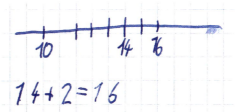
$14+2=16$

Franz:
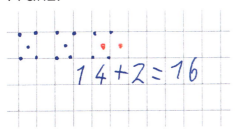
$14+2=16$

Enrico:
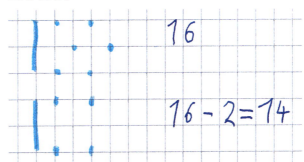
16
$16-2=14$

Sina:
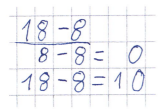
$18-8$
$8-8=0$
$18-8=10$

Anja:
$7+13=13+7$
$13+2+5=20$

Janusch:

$14+2=16$

2 Rechne mit deinem Rechenweg!

13 + 4 =   15 + 0 =   17 − 3 =   14 − 2 =
12 + 2 =   11 + 3 =   19 − 9 =   18 − 5 =
11 + 7 =   13 + 2 =   20 − 2 =   15 − 0 =
16 + 3 =   19 + 1 =

3 Probiere verschiedene Rechenwege!

15 − 5 =   18 + 0 =   ▢ = 17 − 7   ▢ = 12 + 2
18 − 4 =   10 + 2 =   ▢ = 18 − 6   ▢ = 15 + 5
19 − 7 =   11 + 3 =   ▢ = 20 − 6   ▢ = 12 + 0
16 − 6 =   14 + 6 =

1 Rechenwege der Kinder beschreiben (auch der Kinder der eigenen Klasse)
2 eigene Rechenwege anwenden
3 verschiedene Rechenwege ausprobieren (Selbstkontrollmöglichkeiten nutzen)

Rechenmuster, Rechentabellen

1 Rechne! Setze immer so fort! Was fällt dir auf?

12 + 4 =   11 + 1 =   18 + 1 =   3 + 10 =
13 + 3 =   12 + 2 =   16 + 2 =   4 + 11 =
14 + 2 =   13 + 3 =   14 + 3 =   5 + 12 =
…   …   …   …

20 − 9 =   19 − 7 =   20 − 2 =   20 − 2 =
20 − 8 =   18 − 6 =   18 − 2 =   20 − 4 =
20 − 7 =   17 − 5 =   16 − 2 =   20 − 6 =
…   …   …   …

2

+	4	5	6	3
12				
13				
14				

−	3	5	7	9
20				
19				
18				

3

Haus 16: 10 | 6 ; 11 | ; | 4

Haus 17: 11 | ; | 7 ; 13 |

Haus 18: 12 | ; 13 | ; | 4

Haus 19: | 6 ; 14 | ; | 4

4

Wohin?

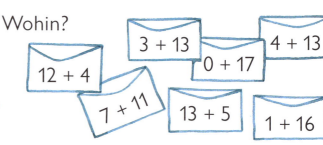

Envelopes: 3 + 13 ; 4 + 13 ; 12 + 4 ; 0 + 17 ; 7 + 11 ; 13 + 5 ; 1 + 16

 Zeichne ein Haus mit der Nummer 15 und passende Briefe dazu!

Tausch- und Umkehraufgaben

1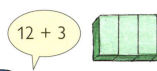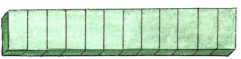

12 + 3 = ☐   3 + 12 = ☐

11 + 6 = ☐   13 + 2 = ☐   17 + 3 = ☐   15 + ☐ = ☐
6 + 11 = ☐   2 + ☐ = ☐   ☐ + ☐ = ☐   4 + ☐ = ☐

2 Rechne! Entscheide, wann du die Tauschaufgabe rechnest!

7 + 12 = ☐   17 + 3 = ☐   13 + 3 = ☐   0 + 19 = ☐
11 + 8 = ☐   9 + 11 = ☐   4 + 12 = ☐   12 + 7 = ☐
9 + 10 = ☐   5 + 15 = ☐   16 + 0 = ☐   1 + 19 = ☐

3

11 + 5 = ☐   16 − 5 = ☐

11 + 7 = ☐   12 + 4 = ☐   11 + 3 = ☐   14 + 5 = ☐
18 − 7 = ☐   ☐ − 4 = ☐   ☐ − 3 = ☐   ☐ − 5 = ☐

4 Rechne! Kontrolliere immer mit der Umkehraufgabe!

17 − 6 = ☐   18 − 2 = ☐   16 − 4 = ☐
19 − 4 = ☐   19 − 7 = ☐   17 − 6 = ☐
20 − 3 = ☐   13 − 3 = ☐   18 − 5 = ☐

19 − 8 = 11,
denn
11 + 8 = 19

Gleichungen, Ungleichungen

1

11 + ☐ = 15   13 − ☐ = 11   ☐ + 3 = 15
14 + ☐ = 19   17 − ☐ = 15   ☐ + 7 = 18
13 + ☐ = 16   19 − ☐ = 13   ☐ − 5 = 11
17 + ☐ = 17   18 − ☐ = 17   ☐ − 4 = 14

11 + ☐ = 15

5 4
 3 0

2 16 1
6 12
 18 11 2

2
14 + ☐ = 16   12 = 16 − ☐   ☐ = 11 + 4
12 + ☐ = 15   18 = 13 + ☐   ☐ = 19 − 6
18 − ☐ = 14   20 = ☐ + 5   15 = ☐ − 5
19 − ☐ = 13   12 = ☐ − 2   17 = ☐ + 4

Wie kannst du deine Ergebnisse prüfen?

3

12 + ☐ < 16   11 + ☐ > 14
☐   ☐

17 − ☐ < 14   20 − ☐ > 13
☐   ☐

12 + ☐ < 15

4

11 + ☐ < 16   12 + ☐ > 15   14 < 18 − ☐   10 < 13 − ☐
13 + ☐ < 20   13 + ☐ > 17   17 > 11 + ☐   18 > 20 − ☐
18 − ☐ < 15   17 − ☐ > 14   16 > 19 − ☐   15 < 12 + ☐
19 − ☐ < 17   20 − ☐ > 12   15 < 11 + ☐   18 > 11 + ☐

1–2 Gleichungen unter Nutzung von Würfeltürmen verstehen und lösen   3–4 Ungleichungen unter Nutzung von Würfeltürmen verstehen und lösen

Rechengeschichten

1 Erzähle Rechengeschichten!

2 Stelle Fragen, rechne und antworte!

3 Erzähle Rechengeschichten!

1–3 Bilder beschreiben, Rechengeschichten erzählen, dabei passende Aufgaben zuordnen und lösen

Addieren mit Zehnerüberschreibung

1 Erzähle und finde Aufgaben zu den Bildern!

2

3

8 + 3 =	7 + 5 =	3 + 9 =	4 + 8 =
9 + 5 =	5 + 6 =	8 + 8 =	7 + 8 =
6 + 8 =	9 + 9 =	7 + 9 =	2 + 9 =
7 + 7 =	8 + 5 =	9 + 0 =	6 + 6 =

1 Die Kinder der Klasse 1b rechneten so:

Nadine: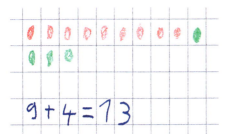

Lucas:

Anja: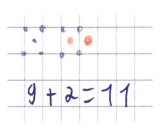

Franz:
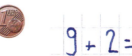

Findest du deinen Rechenweg?

Tino:

Ricarda:

2 Rechne mit deinem Rechenweg!

8 + 5 =   6 + 6 =   3 + 8 =   6 + 5 =
4 + 6 =   5 + 7 =   5 + 5 =   3 + 9 =
8 + 4 =   9 + 5 =   7 + 6 =   4 + 8 =
4 + 9 =   9 + 9 =

(Selbstkontroll-Zahlen: 12 12 11 10 13 14 11 ; 12 ; 10 ; 12 18 12 13 13)

3 Probiere verschiedene Rechenwege!

8 + 6 =   17 + 3 =   9 + 8 =   6 + 9 =
2 + 9 =   7 + 7 =   8 + 8 =   9 + 7 =
7 + 5 =   9 + 7 =   7 + 8 =   8 + 9 =
6 + 5 =   12 + 8 =

(Selbstkontroll-Zahlen: 12 16 20 15 14 ; 11 ; 16 20 15 17 14 11 17 ; 16)

Rechenmuster, Rechentabellen

1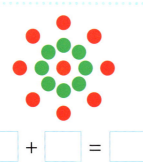

☐ + ☐ = ☐   ☐ + ☐ = ☐   ☐ + ☐ = ☐

2 Rechne! Setze immer so fort! Was stellst du fest?

5 + 6 =   7 + 5 =   4 + 7 =   5 + 6 =
6 + 6 =   8 + 6 =   6 + 8 =   7 + 8 =
7 + 6 =   9 + 7 =   8 + 9 =   9 + 10 =
…   …   …   …

3

+	4	5	6	7
7				
8				

12 11 13 12 14 14 13 15

+	2	9	3	8
9				
4				

4

Haus 13: 7|6, 9|_, _|5, _|_
Haus 12: 5|7, _|3, 6|6, _|_
Haus 13: 6|_, 4|_, _|5, _|_
Haus 14: 5|_, _|8, 6|_, _|_

5  Wohin?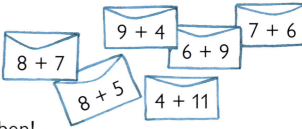

Briefe: 9 + 4, 7 + 6, 8 + 7, 6 + 9, 8 + 5, 4 + 11

 Gestalte ein Blatt mit Musteraufgaben!

Tauschaufgaben, Rechengeschichten

1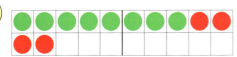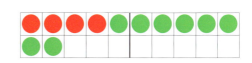

8 + 4 = ☐   4 + 8 = ☐

Lege und rechne!

9 + 3 = ☐   8 + 9 = ☐   7 + 6 = ☐   9 + 6 = ☐
3 + 9 = ☐   9 + 8 = ☐   6 + 7 = ☐   6 + 9 = ☐

2 Rechne mit Pfiff!

Ich rechne so!

2 + 18 = ☐
18 + 2 = 20

5 + 8 = ☐   6 + 8 = ☐
2 + 9 = ☐   3 + 9 = ☐
7 + 9 = ☐   3 + 8 = ☐

3 Erzähle Rechengeschichten!

4

Ich zähle zu meiner Zahl 4 dazu und erhalte dann 12.

Wenn ich zu meiner Zahl 3 dazu zähle, erhalte ich 11.

Subtrahieren mit Zehnerüberschreitung

1 Erzähle und bilde Aufgaben zu den Bildern!

13 − 4 = ☐

2

3 Rechne!

13 − 4 =	16 − 7 =	15 − 7 =	16 − 9 =
14 − 8 =	18 − 9 =	11 − 4 =	11 − 1 =
12 − 6 =	13 − 8 =	12 − 9 =	12 − 8 =
13 − 5 =	17 − 7 =	16 − 8 =	17 − 9 =

1 Die Kinder der Klasse 1b rechneten so:

Fyn:

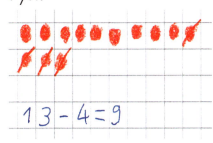

$13 - 4 = 9$

Elisa:

$11 - 2 = 9$

Andreas:

$13 - 4$
$13 - 3 = 10$
$10 - 1 = 9$

Franzi:

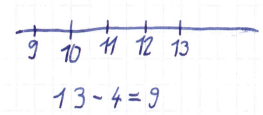

$13 - 4 = 9$

Tom:

$11 - 2 = 9$

Bella:

$13 - 4$
$13 - 3 = 10$
$ 4 - 3 = 1$
$10 - 1 = 9$

Findest du deinen Rechenweg?

2 Rechne mit deinem Rechenweg!

$11 - 5 =$	$11 - 6 =$	$12 - 3 =$	$17 - 8 =$
$14 - 9 =$	$15 - 9 =$	$17 - 9 =$	$15 - 7 =$
$13 - 7 =$	$12 - 8 =$	$11 - 7 =$	$12 - 6 =$

3 Probiere verschiedene Rechenwege!

$14 - 7 =$	$12 - 9 =$	$15 - 6 =$	$17 - 11 =$
$16 - 8 =$	$20 - 3 =$	$11 - 3 =$	$15 - 13 =$
$18 - 9 =$	$13 - 5 =$	$14 - 8 =$	$18 - 14 =$

Rechenmuster, Rechenmauern

1 Rechne! Setze immer so fort! Was stellst du fest?

11 − 3 = ☐	13 − 0 = ☐	10 − 10 = ☐	20 − 5 = ☐
12 − 4 = ☐	13 − 2 = ☐	12 − 8 = ☐	18 − 5 = ☐
13 − 5 = ☐	13 − 4 = ☐	14 − 6 = ☐	16 − 5 = ☐
…	…	…	…

2

15	14	13	12	11
8	7	6	5	4

Finde weitere solche Aufgaben und rechne!

15 − 8 = ☐

15 − 7 = ☐

14 − 7 = ☐

14 − ☐ = ☐

Was fällt dir auf?

3

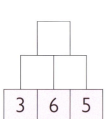
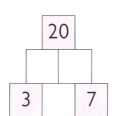
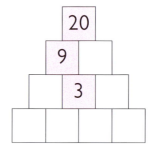
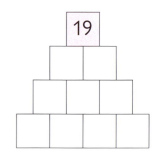

4

Lies, stelle Fragen, rechne und antworte!
Pia hat 11 Karten. Ron hat 7.

Tim hat 14 Karten. Lara hat 5 Karten weniger als Tim.

Stelle ein Zahlenfeld mit Rechenmustern zusammen!

1–2 Rechenmuster erkennen, beschreiben und anwenden

3 Zahlen der Rechenmauer ergänzen, dabei verschiedene Lösungswege bzw. Lösungszahlen ansprechen

Umkehraufgaben, Aufgabenfamilien

1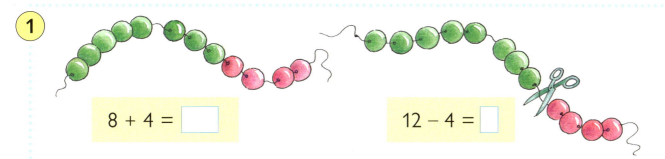

8 + 4 = ☐   12 − 4 = ☐

2 Lege und rechne!

− 7	− 6	− ☐	− ☐
12 ⇄ ☐	12 ⇄ ☐	16 ⇄ 7	11 ⇄ 6
+ 7	+ ☐	+ ☐	+ ☐

3 Rechne! Kontrolliere immer mit der Umkehraufgabe!

13 − 5 = 8
denn
8 + 5 =

15 − 6 = ☐   12 − 5 = ☐   20 − 8 = ☐
11 − 7 = ☐   14 − 6 = ☐   13 − 4 = ☐
13 − 8 = ☐   17 − 9 = ☐   19 − 9 = ☐

4 Rechne!

13 − ☐ = 8   16 − ☐ = 8   ☐ − 5 = 7
11 − ☐ = 7   14 − ☐ = 6   ☐ − 4 = 9
16 − ☐ = 9   12 − ☐ = 9   ☐ − 7 = 8
15 − ☐ = 6   11 − ☐ = 3   ☐ − 2 = 9

12 − ☐ = 7

5

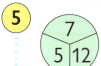 (7, 5, 12)   (8, 13, 5)   (6, 14, 8)   (7, 6)   ( )

1–2 Umkehrbeziehungen erkennen und beschreiben, Aufgaben lösen
3 Umkehraufgaben der Addition als Kontrollmöglichkeit erkennen
5 jeweils 4 Aufgaben einer Familie zusammenstellen und lösen

Verdoppeln

1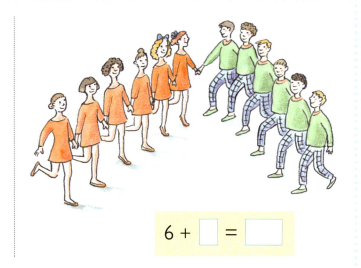

6

6 + ☐ = ☐

2

Verdopple mit einem Spiegel!

3 Lege oder male immer das Doppelte!

8 + ☐ = ☐   ☐ + ☐ = ☐   7 + ☐ = ☐

10 € + ☐ € = ☐ €   9 € + ☐ € = ☐ €

Halbieren

1

12   12 = ☐ + ☐

2 Lege und zeige immer die Hälfte!

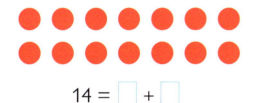 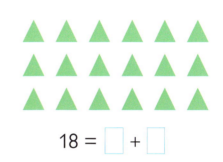

14 = ☐ + ☐   18 = ☐ + ☐

20 € = ☐ € + ☐ €   16 € = ☐ € + ☐ €

3 Lege, halbiere und ergänze die Tabelle im Heft!
Kannst du immer halbieren?

	die Hälfte
20 ct	
10 ct	
5 ct	

	die Hälfte
8 €	
11 €	
15 €	

4

Lies, stelle Fragen und rechne!
Nele hat 8 Karten. Sie bekommt von Tom noch 2 Karten dazu. Tom hat nun halb so viele Karten wie Nele.

Gerade und ungerade Zahlen

1 Spielt! Bei welchen Anzahlen könnt ihr nicht die Hälfte legen?

"Ich lege die Hälfte." "Vier!" "Ich lege das Doppelte."

2 Ergänze!

Zahl	1	2	3	4	5	6	7	8	9	10	11	12	13	14	15	16	17	18	19	20
halb soviel	–	1	–	2																

2, 4, ☐, ☐, ☐, ☐, ☐, ☐, ☐ und 20 sind gerade Zahlen.

1, 3, ☐, ☐, ☐, ☐, ☐, ☐, ☐ und 19 sind ungerade Zahlen.

3 Setze fort! Gerade Zahlen: 2 4 ☐ ☐

Ungerade Zahlen: 1 3 ☐ ☐

4 Wohin gehören die Briefe?

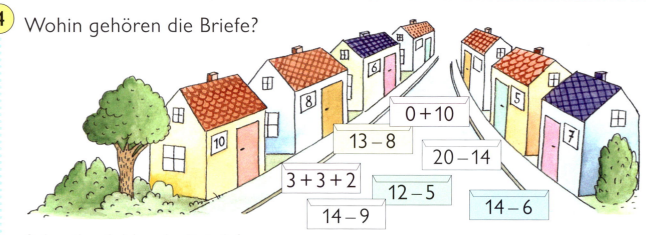

0 + 10
13 – 8
20 – 14
3 + 3 + 2
12 – 5
14 – 9
14 – 6

Schreibe fehlende Briefe!

Gestalte Aufgabenbriefe zu anderen geraden und ungeraden Hausnummern!

Ungleichungen, Rechenvorteile

1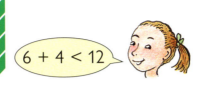

2 Rechne!

9 + ☐ < 12
0,1,2

7 + ☐ < 12	15 − ☐ > 8	16 > 4 + ☐
8 + ☐ < 13	12 − ☐ > 7	14 > 8 + ☐
6 + ☐ < 14	13 − ☐ > 9	8 < 12 − ☐

3 Rechne mit Pfiff!

2 + 11   15 − 13
11 + 2 = ☐   13 + ☐ = 15

Ich rechne so!

3 + 13 = ☐	12 − 11 = ☐	16 − 12 = ☐	3 + 8 = ☐
2 + 9 = ☐	17 − 14 = ☐	4 + 16 = ☐	18 − 16 = ☐
3 + 16 = ☐	20 − 18 = ☐	11 − 9 = ☐	2 + 17 = ☐

4 Rechne mit Pfiff!

8 + 9 = ☐   17 − 9 = ☐

Dennis:
8 + 8 = 16
16 + 1 = 17

Hanna:
9 + 9 = 18
18 − 1 = 17

Franz:
8 + 10 = 18
18 − 1 = 17

Sascha:
17 − 10 = 7
7 + 1 = 8

Probiere nun selbst!

5 + 6 = ☐	6 + 9 = ☐	13 − 9 = ☐	20 − 9 = ☐
7 + 6 = ☐	9 + 5 = ☐	18 − 9 = ☐	14 − 9 = ☐
8 + 7 = ☐	7 + 9 = ☐	16 − 9 = ☐	12 − 9 = ☐

1–2 Ungleichungen lösen, möglichst alle Lösungszahlen angeben

3–4 Über Rechenvorteile (Tausch-, Ergänzungsaufgaben, Verdoppeln, Rechnen mit 10) gemeinsam sprechen und auf Beispielaufgaben anwenden

Rechengeschichten: Beim Zahnarzt

1 Erzählt Rechengeschichten!

2 Lies, stelle Fragen, rechne und antworte!

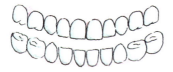

Ein Milchgebiss hat
8 Schneidezähne,
4 Eckzähne,
8 Mahlzähne.

Peter fehlen
3 Zähne.

Ina ist heute der
4. Schneidezahn
ausgefallen.

3 Wie oft gehst du zum Zahnarzt?
Wie viele gesunde Zähne hast du?
Wann putzt du jeden Tag deine Zähne?

Nach dem Essen: Zähne putzen nicht vergessen!

Rechenspiel

ZIEL

Start: 5 + 5, 11 − 3, 7 − 0, (Bonbon), 12 − 7, 8 + 6, 14 − 4, 18 − 6, (Zahnpasta) 5 + 6, 12 − 7, 9 + 9, 16 − 8, 20 − 10, (Zahn mit Loch), 4 + 4, 18 − 3, 17 − 0, 9 + 4, (Zahnputzbecher), 11 − 6, 14 − 7, 2 + 8, 17 − 1, (Bonbon), 4 + 9, 11 − 6, 13 − 0, 19 + 1, 8 + 8, (Zahnpasta), 15 − 7, 11 − 10, 12 + 7, 13 − 5, 9 − 8, (Zahnputzbecher), 16 − 7, 9 + 9, 20 − 4, 3 + 9, 11 − 8, (Zahn mit Loch), 13 + 1, 6 + 6, 15 − 9, 13 − 7, (Zahnputzbecher), 16 − 8, 18 − 9, 12 − 3, ZIEL

Du rechnest!

Du putzt die Zähne „von rot nach weiß". Das ist richtig. Setze 3 Felder vor!

Du putzt deine Zähne nicht regelmäßig. Setze 4 Felder zurück!

Du hast ein Loch im Zahn. Setze einmal aus! Gehe erst zum Zahnarzt!

Du hast zu viel genascht. Gehe 2 Felder zurück!

Spielregel:
- *reihum würfeln und Spielstein entsprechend gewürfelter Augenzahl setzen,*
- *jeweils Aufgabe des Feldes lösen, bei falschem Ergebnis einmal aussetzen,*
- *Ereignisfelder beachten*

Rechnen mit mehr als 2 Zahlen

1

8 + 4 + 3 =

6 + 5 + 2 =
☐ + 3 + ☐ =
☐ + ☐ + ☐ =

2
5 + 4 + 6 =
8 + 3 + 5 =
3 + 6 + 4 =

9 + 3 + 2 =
7 + 5 + 4 =
6 + 4 + 9 =

2 + 7 + 3 =
1 + 4 + 9 =
1 + 11 + 7 =

3

14

14 − 5 =
14 − 5 − 2 =

9 − 2 =

4
16 − 4 − 3 =
12 − 3 − 4 =
11 − 6 − 3 =

14 − 4 − 6 =
17 − 8 − 1 =
19 − 7 − 5 =

15 − 7 − 4 =
13 − 6 − 7 =
18 − 5 − 8 =

5
7 + 4 − 6 =
16 − 8 + 9 =
12 + 7 − 8 =

11 + 4 − 9 =
13 − 8 + 7 =
10 − 5 + 6 =

3 + 8 − 4 =
20 − 9 + 5 =
9 + 6 − 7 =

1 Rechne! Was kannst du entdecken?

Mein Rechenmuster

9 + 6 + 3 = ☐   9 − 6 − 3 = ☐
8 + 5 + 2 = ☐   8 − 5 − 2 = ☐
7 + 4 + 1 = ☐   7 − 4 − 1 = ☐

9 + 8 − 7 = ☐   9 + 5 + 1 = ☐
6 + 5 − 4 = ☐   8 + 5 + 2 = ☐
3 + 2 − 1 = ☐   7 + 5 + 3 = ☐

Finde weitere Rechenmuster!
Schreibe Aufgaben und rechne!

2

3

19 →−2→ ☐ →−4→ ☐ →+3→ ☐ →−7→ ☐ →+4→ ☐ →−6→ 7

18 →−3→ ☐ →+4→ ☐ →+1→ ☐ →−5→ ☐ →−5→ 10

17 →−4→ ☐ →−0→ ☐ →−2→ ☐ →+5→ ☐ →+4→ ☐ →−8→ ☐ →−3→ 9

 Stelle ein Zahlenfeld mit Rechenmustern zusammen!

Geldwerte bis 20 Cent und 20 Euro

1 Was meinst du dazu?

Ich stecke jede Woche 2 € in mein Sparschwein. Nach 10 Wochen ist es zerplatzt!

Ich spare jede 2. Woche 4 €. Mein Sparschwein ist noch ganz.

2 Wie viel Geld hat jedes Kind gespart?

Anna:
☐ €

Timo:
☐ €

Kai:
☐ €

3 Lege 20 € auf verschiedene Weise! Vergleiche mit anderen Kindern!

Nur mit Münzen

Nur mit Scheinen

Mit Münzen und Scheinen

Wie noch?

4 Was sagst du dazu?

Ich habe 12 € mit 2 Scheinen und 2 Münzen gelegt.

Ich habe 16 € mit 3 Scheinen gelegt.

1 Lena und Mario gehen einkaufen. Jeder hat 20 Euro in seiner Geldbörse.

So sehen die Geldbörsen nach dem Einkauf aus. Welche Geldbörse gehört Lena?

2 Lege mit Rechengeld!
Schreibe passende Rechenaufgaben!

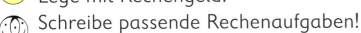

Schreibe so!

Immer 14 €

10 € + 2 € + ☐ €

10 € + 2 € + ☐ € + ☐ €

Immer 14 €	Immer 14 €	Immer 12 ct	Immer 12 ct
9 € + ☐ €	20 € − ☐ €	14 ct − ☐ ct	17 ct − ☐ ct
8 € + ☐ €	18 € − ☐ €	19 ct − ☐ ct	16 ct − ☐ ct
12 € + ☐ €	19 € − ☐ €	20 ct − ☐ ct	18 ct − ☐ ct

3 Ist es möglich?

Klaus hat nach vier Monaten 20 Euro in seinem Sparschwein,

Ich spare jeden Monat 5 €.

die Zwillinge schon nach zwei Monaten.

Wir auch!

Rechnen mit Geldwerten

1 Auf dem Jahrmarkt

Erzähle Rechengeschichten! Schreibe Rechenaufgaben!

2 Wie viel Geld haben Tina und Uwe für den Jahrmarkt gespart?

3

Wie viel Geld hat Tina bezahlt?   Wie viel Geld hat Uwe bezahlt?

4

Wie viel muss jedes Kind bezahlen?

5

6

Wie viel Geld hat Tina übrig?
Wie viel Geld hat Uwe übrig?
Reicht es noch für einen Kinobesuch?

Dreiecke, Vierecke, Kreise

1

2 Zähle 🔺, 🟩 und 🔵! Wie viele findest du?

	🔺 Dreiecke	🟩 Vierecke	🔵 Kreise
am Haus Nr. 25			
am Haus Nr. 23			

Vergleiche mit anderen Kindern!

Klebe Bilder von Dreiecken, Vierecken und Kreisen auf!

Fertige eine Tischkarte mit deinem Namen an!

Legen von Figuren

1

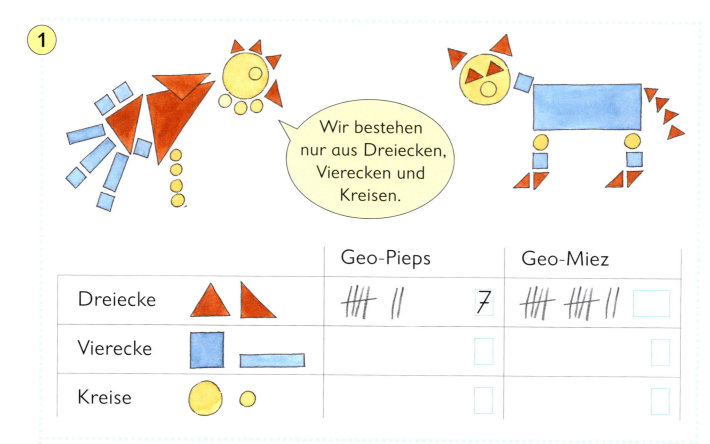

2 Rechne! Sprich über die Ergebnisse!

7 + 12 = ☐   8 + 4 = ☐   9 + 4 = ☐

3 Lege auch solche Figuren!

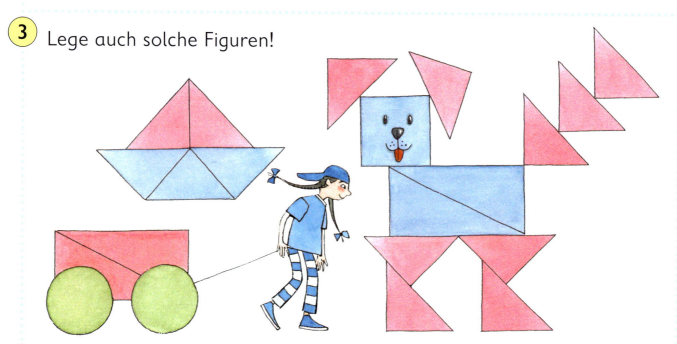

Lege Bilder! Wenn dir ein Bild besonders gefällt, klebe es auf!

Falten

1 Was haben die Kinder gefaltet? Was kannst du falten?

2 Falte Dreiecke und Vierecke!

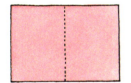 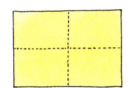 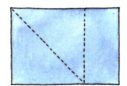 

3 Gestalte Tischkarten!

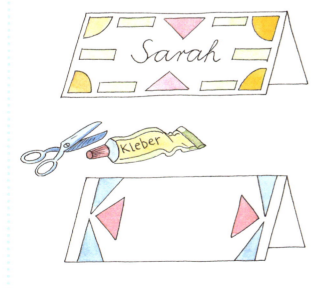

Verwende verschiedene Figuren für Muster!

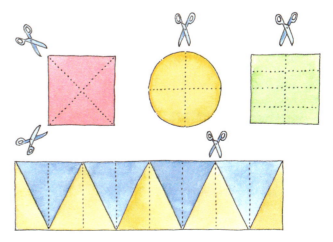

1 *Faltfiguren der Kinder beschreiben und selbst falten*

Aufgabenbriefe

1 Die Kinder der Klasse 1b haben Aufgabenbriefe geschrieben. Sprecht über die Briefe!

2 Schreibt auch Aufgabenbriefe!

Tipps zum Schreiben von Aufgabenbriefen:

- Denke an die Anrede!
- Schreibe sehr sauber!
- Schreibe Plus- und Minusaufgaben!
- Überlege gut, ob dein Briefpartner die Aufgaben lösen kann!
- Denke an den Briefabschluss!
- Gestalte deinen Brief schön!

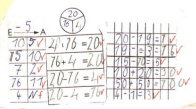

Üben von Station zu Station

Suche dir Stationen aus!

① Station 1 Nachbaraufgaben

5 + 7 = ☐   5 + 9 = ☐   14 − 5 = ☐   14 − 7 = ☐

   5 + 8 = ☐   14 − 6 = ☐

4 + 8 = ☐   6 + 8 = ☐   13 − 6 = ☐   15 − 6 = ☐

Schreibe immer 4 Nachbaraufgaben von 8 + 6, 13 − 5 und rechne!

② Station 2 Sachaufgaben

Ich lege mit Rechengeld.

Lies, stelle Fragen, rechne und antworte!

Lea hat 8 Euro. Sie bekommt noch 7 Euro dazu.

Hanna hat 7 Euro. Nils hat 5 Euro mehr als Hanna.

Tim kauft sich ein Spiel für 6 Euro. Er bezahlt mit einem 20-Euro-Schein.

③ Station 3 Rechnen mit Pfiff

2 + 8 + 5 = ☐
3 + 9 + 7 = ☐
7 + 6 + 4 = ☐
15 − 8 − 5 = ☐
18 − 9 − 1 = ☐
14 − 7 − 4 = ☐
8 + 6 − 6 = ☐
5 + 8 − 5 = ☐
13 − 7 + 7 = ☐

④ Station 4 Aufgabenfamilien

Schreibe immer alle 4 Aufgaben!

⑤ Station 5

Figuren legen

Lege ein Bild aus 4 ▲, 3 ■ und 5 ●!

⑥ Station 6 Aufgabenbriefe

Schreibe einen Aufgabenbrief mit deinen Lieblingsaufgaben!

Das kann ich schon!

0 1 2 3 4 5 6 7 8 9 10 11 12 13 14 15 16 17 18 19 20

Plus-Aufgaben	$6 + 3 = 9$ $16 + 3 = 19$ $8 + 4 = 12$ $6 + 5 = 11$	① 14 11 + ☐ 12 + ☐ 7 + ☐ 6 + ☐
Minus-Aufgaben	$7 - 5 = 2$ $17 - 5 = 12$ $13 - 4 = 9$ $15 - 8 = 7$	② 12 7 9 16 − ☐ 15 − ☐ 18 − ☐ ☐ − ☐ 17 − ☐ 19 − ☐ ☐ − ☐ 14 − ☐ 20 − ☐ ☐ − ☐ 12 − ☐
Tausch-aufgaben	$14 + 2 = 16$ $2 + 14 = 16$	③ $9 + 3 = $ ☐ $6 + 8 = $ ☐ $3 + 9 = $ ☐ ☐ + ☐ = ☐
Umkehr-aufgaben	$13 + 5 = 18$ $18 - 5 = 13$	④ $8 + 5 = $ ☐ $15 - 8 = $ ☐ ☐ $- 5 = 8$ ☐ − ☐ = ☐
Aufgaben-familien	$8 + 6 = 14$ $6 + 8 = 14$ $14 - 6 = 8$ $14 - 8 = 6$	⑤ $9 + 8 = $ ☐ ☐ − ☐ = ☐ $8 + $ ☐ $= $ ☐ ☐ − ☐ = ☐

Das kann ich schon!

Rechenbefehle

1) 7 —+3→ ☐   8 —+☐→ 15

   13 —−4→ ☐   12 —−☐→ 7

Rechentabellen

2)
+	8	9	10
4			
7			
5			

−5: 14, 13, 15

−☐: 12, 5

Geldbeträge

3) Wechsle auf verschiedene Weise! Lege und rechne!

20 € = 10 € + _____

20 € = _____

Dreiecke, Vierecke, Kreise

4) Ordne nach Formen.

Sachaufgaben

5) Wenke und Sven haben zusammen 19 €. Für Muttis Geburtstag kaufen sie ein Geschenk für 8 € und Blumen für 5 €. Wie viel Geld bleibt übrig?

 Gestalte ein Blatt mit deinen Lieblingsaufgaben!

4. Ausblick auf die Zahlen bis 100

Über 20 hinaus

Die Zehnerzahlen bis 100

1

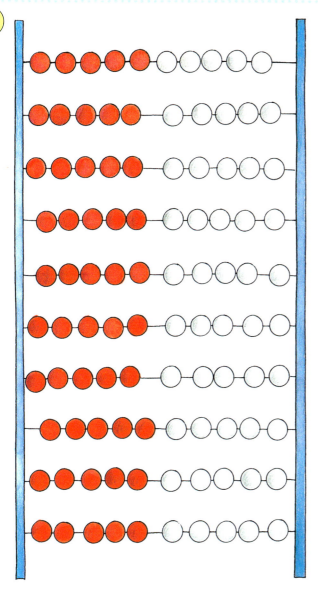

	10	zehn
10 + 10 =	20	zwanzig
20 + 10 =	30	dreißig
30 + 10 =	40	vierzig
40 + 10 =	☐	fünfzig
50 + ☐ =	☐	sechzig
60 + ☐ =	☐	siebzig
70 + ☐ =	☐	achtzig
80 + ☐ =	☐	neunzig
90 + 10 =	100	einhundert

2

Lege 40!

Male Zahlbilder: 40, 20, 80, 70, 50!

Legt mit Zehnerstreifen:
10, 50, 70, 40, 90, 30, 80, 100!

Darstellen von Zehnerzahlen

1 Wie viele sind es?

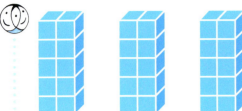

Baut Türme mit 20 (40, 60, 50) Würfeln!

2 Wie viel Cent sind es immer?

Legt!
50 ct, 70 ct, 80 ct, 100 ct, 90 ct, 60 ct.

3 Welche Zahlen sind es?

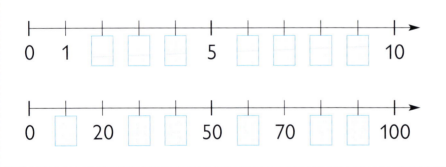

Oh, das ist ja fast gleich!

4 Welche Zahlen könnten es immer sein?

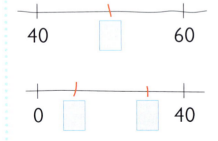

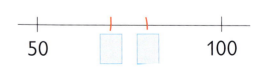

5 Zeichne Zahlenstriche mit:
0, 50, 100, 30, 40, 70, 100!

Vergleichen und Ordnen von Zehnerzahlen

1

Maria legt: Toni malt: Anna schreibt:

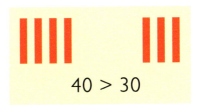   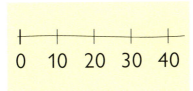
4 > 3
40 > 30

Wie vergleichst du?

2 >, < oder =?

10	30	80	40	90	30	100	10
60	50	70	90	60	20	30	30
90	20	70	80	70	80	80	90

3

Welche Zahlen kannst du ziehen?

☐ < 50   60 < ☐

☐ > 60   30 > ☐

4 Ordne!

    60   70   100   0
20   90   40   20   30
      50   60   80

20, _____   0, _____

90, _____   100, _____

Addieren und Subtrahieren von Zehnerzahlen

1

40 + 30 =
20 + 10 + 30 =
90 − 50 =
70 − 20 − 30 =

Wie rechnest du?

2

10 + 30	40 + 50 + 10	30 − 20	50 − 20 − 30
60 + 20	50 + 10 + 0	20 − 0	60 − 40 − 10
30 + 30	20 + 70 + 10	80 − 50	70 − 10 − 20
90 + 0	10 + 60 + 20	100 − 40	80 − 40 − 30

110 1 *verschiedene Rechenwege entdecken, anwenden und beschreiben*

① Die Kinder der Klasse 1b rechneten so:

Toni:

$40 + 30 = 70$

Anna: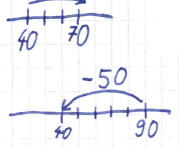

Maria:

$40 + 10 = 50$
$50 + 10 = 60$
$60 + 10 = 70$

Tim: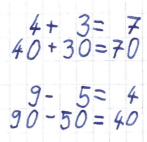

Leo:

$70 - 20 - 30 = 20$

Ich nehme einfach die Nullen weg und ...

Laura:

$20 + 10 = 30$
$30 + 30 = 60$
$20 + 10 + 30 = 60$

$70 - 20 = 50$
$50 - 30 = 20$
$70 - 20 - 30 = 20$

Erkläre die Rechenwege!

② Rechne mit deinem Rechenweg!

50 + 20	30 – 20 + 10	80 – 60	70 – 10 – 40
10 + 70	10 – 0 + 60	60 – 10	80 – 30 – 0
50 + 50	40 – 30 + 30	50 – 40	90 – 20 – 20

③ Probiere verschiedene Rechenwege!

30 + 20	20 + 40 + 10	50 – 30	60 – 10 – 20
60 + 40	60 + 10 + 20	70 – 70	100 – 30 – 30
10 + 80	0 + 30 + 50	100 – 50	70 – 0 – 60

1 Rechenwege beschreiben und selbst anwenden

Addieren und Subtrahieren von Zehnerzahlen

1 Rechne! Setze immer so fort! Was stellst du fest?

50 + 10 =   80 + 20 =   0 + 10 + 20 =
50 + 20 =   70 + 30 =   10 + 20 + 30 =
50 + 30 =   60 + 40 =   20 + 30 + 40 =

100 − 40 =   90 − 60 =   100 − 10 − 0 =
90 − 40 =   80 − 50 =   100 − 20 − 10 =
80 − 40 =   70 − 40 =   100 − 30 − 20 =

2

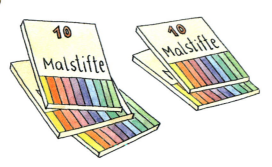

30 + 20 =

50 − 20 =

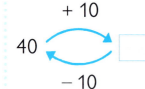  

+ 10   + 20   + 30   + 40
40   80   60   70
− 10   − 20   − 30   − 40

3 Erzähle Rechengeschichten!

 Gestalte eine Seite mit deinen Lieblingsaufgaben!

Alle Zahlen bis 100

1 Wie viel ist 23?

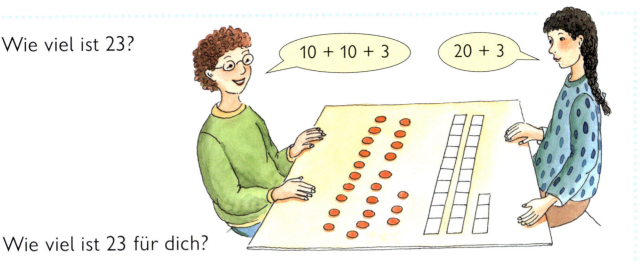

Wie viel ist 23 für dich?

2 Welche Zahlen hat Tim gelegt und gemalt?

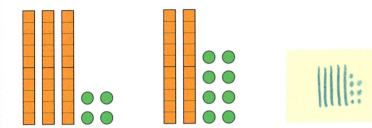

Lege und male wie Tim:

- 25, 31, 33, 48, 45
- 51, 57, 64, 75, 82

3 Anna legt, malt und schreibt so:

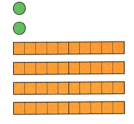   40 + 2 = 42

Lege, male und schreibe wie Anna:

- 28, 39, 41, 50, 21,
- 62, 68, 78, 96, 44

4 Maria legt und schreibt so:

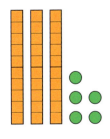

30 + 5

3 Z + 5 E

Z	E	Zahl
3	5	35

Ergänze im Heft!

Z	E	Zahl
1	7	
2	9	
		46
		78

1 Zahl 23 auf verschiedene Weise darstellen   2–4 Zahldarstellungen beschreiben und selbst anwenden

Alle Zahlen bis 100

1 „Vor oder zurück"?

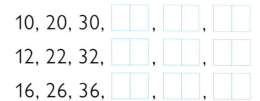

2 Setze so fort!

10, 20, 30, ▢, ▢, ▢   91, 81, 71, ▢, ▢, ▢

12, 22, 32, ▢, ▢, ▢   93, 83, 73, ▢, ▢, ▢

16, 26, 36, ▢, ▢, ▢   95, 85, 75, ▢, ▢, ▢

3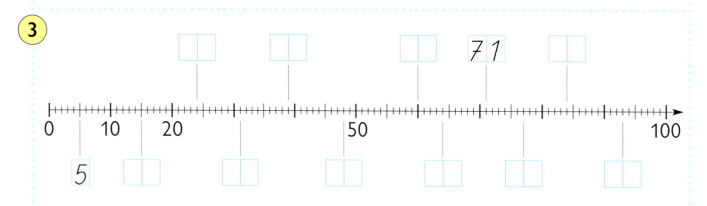

4 Welche Zahlen könnten es sein? Begründe!

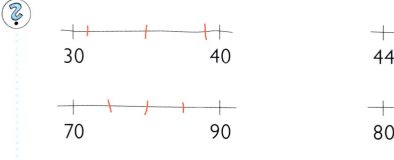
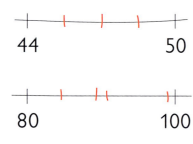

Figurenmuster

1) 1 + 2 + 3 + ...   6 + 6 + ...   4 + 4 + ...

2) Beschreibe die Muster!
Zähle und rechne auf verschiedene Weise!

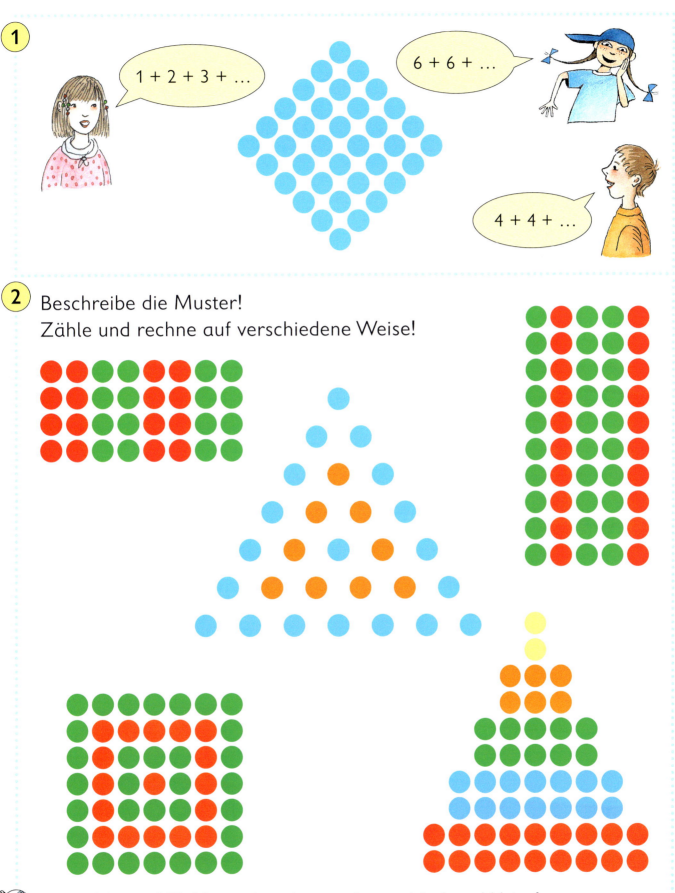

 Male Muster! Zähle und rechne auf verschiedene Weise!

Linien und Strecken

1

 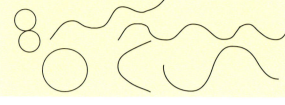

gerade Linien   gekrümmte Linien

2 D S B R
G C A H

Welche Buchstaben haben
- nur gerade Linien,
- nur gekrümmte Linien,
- gekrümmte und gerade Linien?

3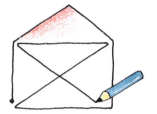

Zeichne die Figuren nach! Setze den Bleistift nicht ab!

4 Erfinde Muster!   Zeichne eine lustige Figur!

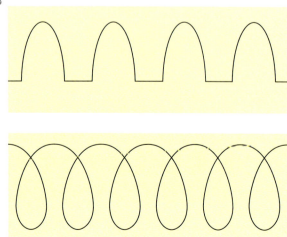 

1

2 Zeige Strecken!

Wo findest du im Klassenraum Strecken?

3  Die rote und die blaue Strecke sind **gleich lang**.

Vergleiche nun diese Strecken und ergänze die Sätze!

Finde die längste und die kürzeste Strecke!

Die grüne Strecke ist _____ als die braune.
Die braune Strecke ist _____ als die grüne.

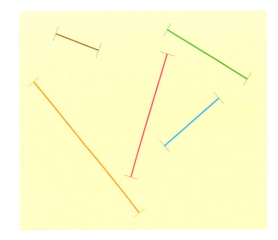

4 Zeichne vier verschieden lange Strecken!

1 Unterschied zwischen Linie und Strecke erkennen und beschreiben
2 Strecken an Gegenständen erkennen und zeigen
3 Strecken unter Verwendung von „gleich lang", „kürzer als" und „länger als" vergleichen

Zentimeter und Meter

1 Miss! Vergleiche mit den anderen Kindern!

3 Fingerspannen

4 Fingerbreiten

3 Schritte

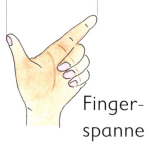
Fingerspanne

Fingerbreite

Schritt Fuß

2

	Fingerspanne	Fingerbreite
Breite deiner Bank		
Länge deiner Bank		

	Schritt	Fuß
Breite des Klassenraums		
Weg vom Klassenraum zum Schulhof		

3

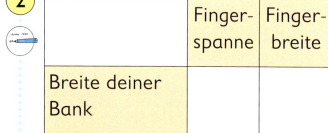

1 cm   ☐ cm

ein Zentimeter (1 cm)

Miss! Was stellst du fest?

Strecken	👆	📏
—	1	1 cm
—		
—		

118 1 Bilder beschreiben und Messen mit verschiedenen Körpermaßen erklären
2 Mit Körpermaßen messen und Ergebnisse in eine Tabelle eintragen
3 Messen mit dem Lineal erklären und auf abgebildete Strecken anwenden

1 Messt wie die Kinder!

ein Meter (1 m) 1 m = ▢ cm

2

„Ein halber Meter"

„Mein Schritt ist 40 cm lang."

„Mein Fuß ist 20 cm lang."

3 Messt! Vergleicht mit anderen Kindern!

„Jeder bekommt ein Metermaß."

	in cm
Breite deiner Bank	
Länge deiner Bank	

	in m
Breite des Klassenraums	
Weg vom Klassenraum zum Schulhof	

1 Einheiten Meter und Zentimeter sowie die Beziehung zwischen beiden erfassen
2 Bilder beschreiben, Längenmaße vergleichen, auch mit eigenen Maßen
3 mit einem Lineal oder Metermaß messen und Ergebnisse in Tabellen eintragen

5. Übungen, Knobeleien und Projekte
Rechnen bis 20

1 Ordne zu und rechne!

| 5 + 6 | 11 – 5 | 7 + 3 | 8 – 3 |

2 Rechne! Du kannst Zahlen legen oder malen.

4 + 3 =   11 + 3 =   7 + 6 =
7 + 2 =   14 + 5 =   4 + 9 =
0 + 9 =   3 + 16 =   8 + 7 =
2 + 8 =   1 + 15 =   6 + 8 =

5 – 2 =   16 – 2 =   14 – 9 =
8 – 4 =   18 – 7 =   11 – 3 =
6 – 6 =   15 – 5 =   14 – 9 =
9 – 3 =   17 – 1 =   15 – 8 =

3 Setze immer so fort und rechne!

1 + 1	20 – 1	20 – 10	9 + 8
2 + 2	19 – 1	19 – 9	10 + 7
3 + 3	18 – 1	18 – 8	11 + 6
4 + 4	17 – 1	17 – 7	12 + 5

Was entdeckst du?

4
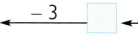
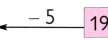

4 → +3 → □ → +4 → **11** ← –3 ← □ ← –5 ← 19
9 → +6 → □ → –4 → **11** ← +6 ← □ ← –3 ← 8

5 + ☐ = 7

3 + ☐ = 9	6 – ☐ = 3	14 – ☐ = 8
8 + ☐ = 10	10 – ☐ = 4	☐ + 7 = 11
5 + ☐ = 15	11 – ☐ = 7	☐ – 3 = 16
7 + ☐ = 13	17 – ☐ = 5	5 + ☐ = 18

3 + ☐ < 6

6 + ☐ < 9	7 – ☐ > 5	12 < 15 – ☐
8 + ☐ < 11	10 – ☐ > 6	8 > 11 – ☐
13 + ☐ < 17	13 – ☐ > 8	17 > 14 + ☐
17 + ☐ < 20	11 – ☐ > 7	9 < 13 – ☐

3 <, > oder =? Überlege zuerst, dann rechne!

7 + 6	6 + 7	20 – 11	19 – 10 – 0
9 – 4	10 – 4	7 + 9	7 + 4 + 5
12 + 5	13 – 5	18 – 5	16 – 3 – 2
16 – 12	2 + 6	4 + 12	6 + 6 + 6

4 Setze + oder – ein!

8 ☐ 3 = 15	4	18 ☐ 4 = 2	5 ☐ 7
17 ☐ 6 = 16	5	9 ☐ 3 = 11	6 ☐ 7
20 ☐ 4 = 12	4	11 ☐ 1 = 13	2 ☐ 5
13 ☐ 8 = 11	6	12 ☐ 0 = 15	9 ☐ 6

Gestalte ein Blatt mit deinen Lieblingsaufgaben!

Aus der Knobelkiste

1 Wohin?

2 Finde die Zahlwörter in der Geschichte!
Schreibe die Zahlen auf! Erzähle weiter!

Einst besuchten Elfriede und ihre vier Freundinnen den Förster Andrei in seinem Revier. Sie wollten sieben Rehe beobachten und dem Förster beim Füttern der Tiere helfen. Achtsam schlichen sie durch den einsamen Wald. Da knackten die Zweige. Ein Neuntöter war auf einem Zweig gelandet. Vorsichtig kletterten die Fünf auf den Hochstand. Von dort aus beobachteten sie einen Sechsender.

3 Wie oft kommt jede Zahl im Zahlentier vor?

 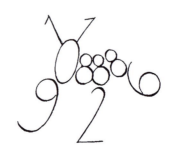 

122   1 *Muster erkennen und fehlende Symbole ergänzen*   3 *Zahlen erkennen und zusammenzählen*

1 Wie viele Muscheln muss Stefan abgeben, damit beide Kinder gleich viele Muscheln haben?

2 Wie viele Vierecke?

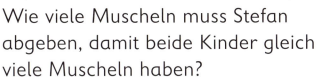

3 Wie viele Dreiecke?

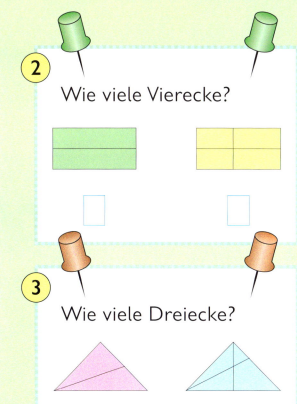

4 Setze für jedes Zeichen eine der Zahlen 0, 1, 2, 3, 4, 5, 6, 7, 8 oder 9 ein. Gleiche Zeichen bedeuten gleiche Zahlen. Verschiedene Zeichen sind verschiedene Zahlen.

 + = 8

8 − =

 − =

 − =

5 Miez denkt sich eine Zahl. Dann verdoppelt sie diese. Nun rechnet sie 10 hinzu. Das Ergebnis ist 20.

6 Pieps denkt sich eine Zahl. Dann halbiert er sie. Nun nimmt er 5 weg. Übrig bleibt 5.

Mini-Projekt

In der Weihnachtszeit

1 So viel Heimlichkeit
in der Weihnachtszeit.
In der Küche
riecht es lecker,
gerade wie beim
Zuckerbäcker.

2 Gib das Rezept für ein ganzes Blech Kokoskuchen an!

ein halbes Blech Kokoskuchen

Boden:
- 2 Eier
- 2 Tassen Zucker
- 4 Tassen Mehl
- 2 Tassen Buttermilch
- 1 Päckchen Backpulver

Belag:
- 2 Tassen Kokosraspel
- eine halbe Tasse Zucker

Tim und Lea dürfen in der Bäckerei von Tims Vater ein ganz großes Kuchenblech backen.
Können sie sich dabei nach dem Rezept richten?

3 Rechne! Setze für jedes Ergebnis den richtigen Buchstaben ein!

Miez und Pieps mögen Plätzchen und Kuchen nicht.
Was wünschen sie sich zu Weihnachten?

3	4	5	6	7	8	9	10
S	R	N	K	A	O	U	M

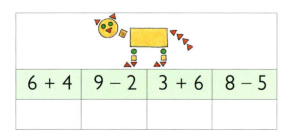

6 + 4	9 – 2	3 + 6	8 – 5

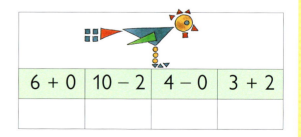

6 + 0	10 – 2	4 – 0	3 + 2

1 Wie viele verschiedene Pakete könnten entstehen?

2 Falte und klebe eine Schachtel!

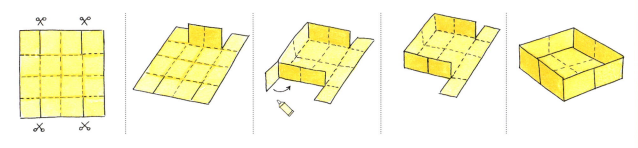

3 Anne will ihre beiden Brüder, ihre Eltern und Großeltern beschenken. Sie will für jeden eine kleine Überraschung verpacken. Wie viele Schachteln muss Anne falten?

4 Erzählt Rechengeschichten!

Mini-Projekt

Bald feiern wir Ostern

1 In der Lausitz wohnen viele Sorben.
Für sie ist das kunstvolle Verzieren von Eiern
ein wichtiger Osterbrauch.
Welche Osterbräuche kennt ihr?

2 Michael bemalt Eier. Worauf achtet er?
Bemale die nächsten 2 Eier in deinem Heft!

    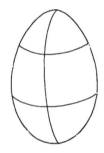

Wie viele Farben sind es?

☐   ☐   ☐   ☐   ☐

3 Verteile die 12 Eier auf die Nester.

Schreibe einige Möglichkeiten auf.

Nest 1	Nest 2	Nest 3	Nest 4
9	1	1	1

Sprich mit anderen darüber!

4 Zähle die Hasen und Eier!

Es sind ☐ Hasen und ☐ Eier.

126   1 Text lesen, Bild beschreiben, Frage beantworten
      2 Regel, dass Teile mit gleichen Farben nicht aneinandergrenzen, erkennen und anwenden
      3 Anzahl durch Probieren oder mithilfe einer Tabelle ermitteln

5 Lies, stelle Fragen, rechne und antworte!

Nils und Maren wollen 12 Eier bemalen.
7 Eier haben sie schon bemalt.
Maren bemalt doppelt so viele Eier wie Nils.

6 Tim bemalt Eier mit seinen Lieblingsfarben: rot, blau und gelb.
Es soll kein Ei dem anderen gleichen!
Wie viele Eier kann er so mit den drei Farben bemalen?

7 Finde den Weg zum Ei!

8 Bastelt!

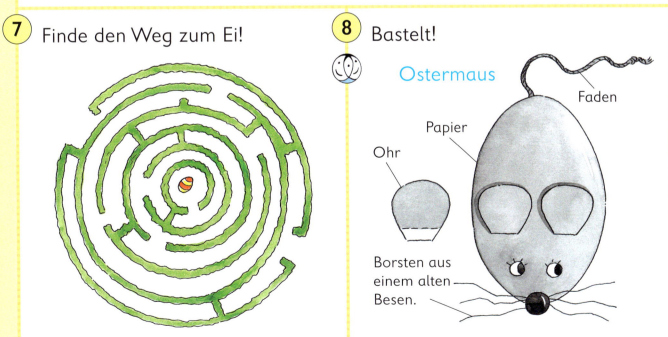

Ostermaus

Mini-Projekt

Heute ist Wandertag

Labyrinthe

1 Zum Maisfeld-Labyrinth

Was weißt du über Labyrinthe?

2 Finde einen Weg von der Mitte zum Ausgang!

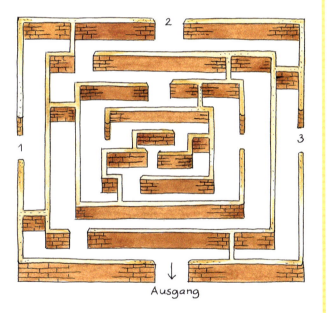

3 Beschreibe den Weg zum Maiskolben!

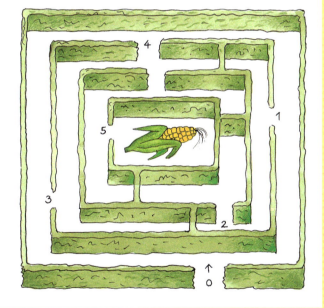

4 Welches Kind findet den Maiskolben?

1 Bild beschreiben, über Labyrinthe sprechen 2–4 Wege bzw. Fäden mit den Augen „durchwandern" und beschreiben

Mini-Projekt

Das macht nach Adam Ries…

1  „Das macht nach Adam Ries…" ist eine bekannte Redewendung. Wer sie verwendet, ist sich sicher, dass seine Rechnung richtig ist. Denn Adam Ries war ein berühmter Rechenmeister. Er lehrte vielen Menschen das Rechnen.

2 Adam Ries lebte vor etwa 500 Jahren. Zum Rechnen nutzte er damals ein Rechenbrett mit Linien für Einer, Zehner und Hunderter. Auf das Brett legte er Rechenpfennige. Wie stellte Adam Ries die Zahl 19 auf dem Brett dar?

3 Lies die Zahlen ab!

4 Was sagst du hierzu?

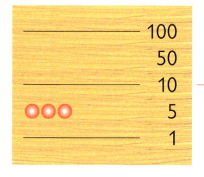

5 Male ein Rechenbrett und lege wie Adam Ries die Zahlen

- 1, 6, 8, 12,
- 17, 22, 35, 42,
- 50, 70, 75, 100!

4 Jahre arbeitete Adam Ries als Rechenmeister in Erfurt (Thüringen).
In der Erfurter Schülerakademie können Kinder heute lernen, wie Adam Ries rechnete.
Versuche es auch!

6) Lege nach und erkläre die Rechenschritte!

7 + 2 = ☐   7 + 6 = ☐

7) Lege nach und erkläre die Rechenschritte!

7 − 2 = ☐   17 − 8 = ☐

8) Lege und rechne auf dem Rechenbrett!

6 + 3 =   15 + 4 =   8 − 3 =   15 − 10 =
12 + 1 =   2 + 11 =   13 − 2 =   18 − 3 =
5 + 10 =   16 + 3 =   19 − 4 =   16 − 5 =

131

Mini-Projekt

Mathematik und Kunst

1

Paul Klee „Das Tempelviertel von Pert"

Paul Klee ist ein bekannter Maler.
Auf vielen seiner Bilder sieht man Dreiecke, Vierecke, Kreise oder gerade und gekrümmte Linien.

2 Wo entdeckst du diese Figuren im Bild?

3 Wie viele sind es?   ▲ _____   ■ _____   ■ _____

4 Wähle selbst Muster auf dem Bild aus und lege sie nach!

1, 2 *Muster entdecken und beschreiben*   3 *Muster erfinden*

5 Erzähle zu den Bildern!

Laura

Tom

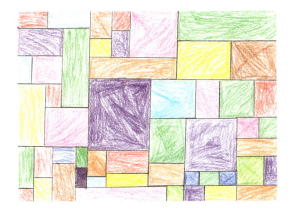
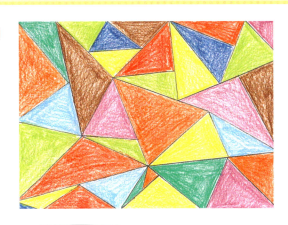

Zwei gleiche Farben sollen sich nicht berühren!

Wie viele 🔺 oder 🟩 entdeckst du in jedem Bild?
Male auch ein Bild aus Vierecken und Dreiecken!

6 Zeichne ein Bild aus einer gekrümmten Linie!
Male alle Flächen farbig aus!

Eine oder viele Linien?

Carolin

7 Sucht andere Bilder von Künstlern mit Linien, Kreisen, Dreiecken und Vierecken!

Gestaltet eine kleine Ausstellung!

Victor Brauner „Deux hommes"

Fit für die Klasse 2?

1 Plusaufgaben

+ 8	
7	
3	
0	

+ 6	
13	
	20
8	

(8, 11, 14, 14, 15, 19)

6 + ☐ = 15   ☐ + 8 = 19
16 + ☐ = 20   ☐ + 8 = 12

(4, 4, 9, 11)

2 Minusaufgaben

–	5	0	8	10	13	4
20						
17						
13						

(0, 3, 4, 5, 7, 7, 8, 9, 9, 10, 12, 12, 13, 13, 15, 16, 17, 20)

17 – ☐ = 12   ☐ – 8 = 7
20 – ☐ = 11   ☐ – 6 = 8

(5, 9, 14, 15)

3 Kopfrechnen

4 + 3 =   18 – 2 =
8 – 6 =   12 + 6 =
2 + 7 =   20 – 9 =

7 + 9 =   14 – 9 =
12 – 5 =   5 + 8 =
3 + 8 =   13 – 6 =

(2, 5, 7, 7, 7, 9, 11, 11, 13, 16, 16, 18)

4 Rechnen mit Pfiff

3 + 15 =   20 – 17 =
4 + 8 =   14 – 13 =
2 + 17 =   19 – 14 =

6 + 9 =   6 + 8 =
14 – 9 =   7 + 7 =
9 + 7 =   8 + 6 =

(1, 3, 5, 5, 12, 14, 14, 14, 15, 16, 18, 19)

134

Fit für die Klasse 2?

5 Geometrie

Zähle und baue nach!

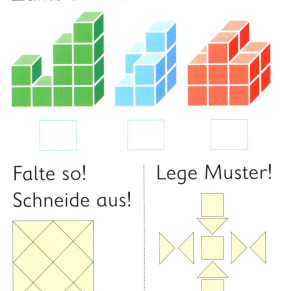

Falte so! Schneide aus! | Lege Muster!

6 Größen

Welche Strecke ist die längste (kürzeste)? Welche Strecke ist genau 3 cm lang?

Kann das sein? Begründe!

Ein Klavier ist 2 m hoch. | Eine Gitarre ist 50 cm lang.

7 Sachaufgaben

Lies, stelle Fragen, rechne und antworte!

Tjark hat 18 Bücher.
5 hat er schon gelesen.

Tessa hat 12 Bücher und Jona hat 17 Bücher.

Maxi hat 15 Bücher.
Florian hat 3 Bücher weniger als Maxi.

8 Knobeln

Lea und Leo haben zusammen 20 Bücher. Wenn Lea 5 Bücher an Leo verleiht, dann haben beide gleich viel.

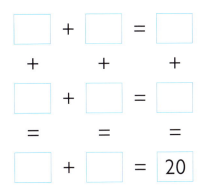

Dieses Buch wird ergänzt durch:
Übungsheft „Rechenwege" – Klasse 1, Bestell-Nr. 000156
Übungsheft „Rechenwege" – Klasse 1 mit CD-ROM, Bestell-Nr. 000184
Handreichungen für den Unterricht „Rechenwege" – Klasse 1, Bestell-Nr. 002084

Jedem Buch liegen Arbeitsmaterialien aus Karton bei. Diese können auch gesondert beim Verlag bezogen werden.

Redaktion: Susanne Lisner

Umschlaggestaltung und Illustration: Petra Kurze und Klaus Vonderwerth
Layout und technische Umsetzung: Wladimir Perlin

Bildnachweis: S. 5: TOP-Fotografie, Niederwiesa; S. 23: Gundula Friese, Berlin; S. 102: Mandy Fuchs, Neubrandenburg; S. 126: Archiv vwv/Cornelsen; S. 129: Angelika Möller, Potsdam; S. 131: Reinhard Lemitz, Erfurt; S. 132: Paul Klee: Das Tempelviertel von Pert, 1928, 200 (T10). Aquarell und Tusche auf gipsgrundierter Gaze, 27,5 × 42 cm. Sprengel Museum Hannover. © VG Bild-Kunst, Bonn. S. 133: Victor Brauner: Deux hommes, 1954, Cire, plume et encre noire sur papier marouflé, 77,2 × 57,3 cm.

 http://www.vwv.de

1. Auflage   Druck 6 5 4 3   Jahr 08 07 06 05

Alle Drucke dieser Auflage sind inhaltlich unverändert und können im Unterricht nebeneinander verwendet werden.

© 2004 Cornelsen Verlag, Berlin

Das Werk und seine Teile sind urheberrechtlich geschützt.
Jede Nutzung in anderen als den gesetzlich zugelassenen Fällen bedarf der vorherigen schriftlichen Einwilligung des Verlages.
Hinweis zu § 52 a UrhG: Weder das Werk noch seine Teile dürfen ohne eine solche Einwilligung eingescannt und in ein Netzwerk eingestellt werden.
Dies gilt auch für Intranets von Schulen und sonstigen Bildungseinrichtungen.

Druck: Druckhaus Berlin-Mitte

ISBN 3-06-000155-3

Bestellnummer 155